我讲述的

铁路遗产故事

（第三部）

亢 宾 著

中国铁道出版社有限公司
CHINA RAILWAY PUBLISHING HOUSE CO., LTD.

图书在版编目(CIP)数据

我讲述的铁路遗产故事．第三部／亢宾著．—北京：中国铁道出版社有限公司，2022.2

ISBN 978-7-113-28642-2

Ⅰ.①我… Ⅱ.①亢… Ⅲ.①铁路系统-文化遗产-中国②铁路运输-交通运输史-史料-中国 Ⅳ.①U21 ②F532.9

中国版本图书馆CIP数据核字（2021）第264679号

书　　名： 我讲述的铁路遗产故事（第三部）

作　　者： 亢　宾

责任编辑： 许士杰　**编辑部电话：**（010）51873204　**电子邮箱：** syxu99@163.com

编辑助理： 魏　明

封面设计： 崔丽芳

责任校对： 焦桂荣

责任印制： 赵星辰

出版发行： 中国铁道出版社有限公司（100054，北京市西城区右安门西街8号）

网　　址： http://www.tdpress.com

印　　刷： 国铁印务有限公司

版　　次： 2022年2月第1版　2022年2月第1次印刷

开　　本： 880 mm×1 230 mm　1/32　印张：5.75　字数：156千

书　　号： ISBN 978-7-113-28642-2

定　　价： 49.00元

前 言

习近平总书记在2021年5月31日中共中央政治局第三十次集体学习时强调，讲好中国故事，传播好中国声音，展示真实、立体、全面的中国，是加强我国国际传播能力建设的重要任务。习近平指出，要围绕中国精神、中国价值、中国力量，从政治、经济、文化、社会、生态文明等多个视角进行深入研究，为开展国际传播工作提供学理支撑。要更好推动中华文化走出去，以文载道、以文传声、以文化人，向世界阐释推介更多具有中国特色、体现中国精神、蕴藏中国智慧的优秀文化。

铁路文化遗产本身虽不会说话，但文字可为它们代言发声。作为铁路文化遗产故事的讲述人，把铁路文化遗产故事讲述好、讲生动，就起到了以文载道、以文传声的作用。讲好铁路文化遗产故事还可反映中国铁路文博工作者为抢救保护铁路文化遗产初心不改的奋斗精神，以及体现铁路文化遗产的历史和科学价值。

通过撰写前两部《我讲述的铁路遗产故事》，我有几点体会：第一，讲述既可以是严肃的，也可以是生动的。书中所讲故事都是以历史事实为依据，使铁路文化遗产与历史事实相互印证，这体现了它的严肃性。第二，书中所讲故事不是简单的就事论事，而是通过故事普及铁路及文博专业知识，把丰富且专业的铁路遗产故事讲好、讲生动，用灵动、鲜活的文字表述出来，这体现了它的生动性。第三，当今社会被称为读图时代，人们对各种媒介的阅读赏析，往往趋向于阅读和赏析图文并茂的作品。因此，书中故事也尽可能配以图片，做到图文并茂，这样才能吸引读者。在已出版的《我讲述的铁路遗产故事》第一部和第二部中，作为中国铁路文化遗产抢救保护的亲历者、见证者和讲述人，我尽量避免把讲述的铁路文化遗产故事写成学术论文模式或讲演稿模式，而是用通俗易懂的文字和生动鲜活的图片，把抢救保护铁路遗产的经历讲述给读者，使读者看得懂、易理解，以达到出版本书的目的。

在《我讲述的铁路遗产故事》（第二部）中，曾提到2019年9月国务院核定公布第八批全国重点文物保护单位名录。这批名录中，近现代重要史迹及代表性建筑共有234处，其中涉及铁路的文物保护单位共有6处。按名录公布时的名称和顺序排列，即北京站车站大楼、新开河火车站旧址、白塔火车站旧址、津浦铁路淮河大铁桥、兴隆庄火车站站舍旧址、滇缅铁路禄丰炼象关桥隧群。这6处铁路不可移动遗产中，4处是铁路车站，1处是铁路桥梁，还有1处是未成铁路（即没有全线建成的铁路）遗址，本书将用专章解读这6处铁路不可移动遗产，让读者了解它们的建造历史和遗产价值。

既然是讲述铁路遗产的故事，必然要谈到中国铁路的发展。近几年，我国铁路建设与发展成绩喜人。据2022年初召开的中国国家铁路集团有限公司（国铁集团）工作会议披露，截至2021年底，我国铁路营业里超过 15 万千米，其中高速铁路超过 4 万千米，稳居世界第一位。

2021 年 1 月 19 日，习近平总书记乘坐京张高铁赴张家口赛区考察北京冬奥会、冬残奥会筹办工作。抵达太子城站后，他走进车站运动员服务大厅，一边听取介绍一边仔细察看京津冀地区铁路网图、京张高铁和赛区位置示意图以及沙盘等展示。习近平总书记指出，我国自主创新的一个成功范例就是高铁，从无到有，从引进、消化、吸收再创新到自主创新，现在已经领跑世界。要总结经验、继续努力，争取在“十四五”期间有更大发展。

中国铁路发展到现在可以说具有四个方面的优势：第一，规模优势，中国拥有世界上最为庞大的铁路网和运输体系；第二，技术装备方面的优势，技术装备现代化程度高，科技创新成果突出；第三，技术创新应用领先的优势，时速 160 千米至 350 千米“复兴号”全系列动车组全部投入运用；第四，铁路安全保障和绿色发展水平总体领先的优势，中国铁路运输的供给能力首屈一指，对国家的经济支撑和拉动作用显著。我国“四纵四横”铁路网已提前建成，“八纵八横”高铁网正加密成型。高速铁路已真正成为成网运行的高铁系统，铁路总体技术水平迈入世界先进行列。

2021 年 4 月 18 日“国际古迹遗址日”前，中国古迹遗址保护协会提出的主题是“复杂的过去，多彩的未来”。这一主题不仅指文化遗产不再是少数专业人士的功课，文化遗产的多彩也不再停留于书本和禁宫之中，而是要体现出文化遗产价值的包容性和对其认知的多样性。从这一主题来看，也能反映出铁路文化遗产

中国古迹遗址保护协会标识

“国际古迹遗址日”活动海报

抢救保护的过去与未来。过去的铁路遗产抢救保护，确实是复杂且有一定困难的。展望未来，我国铁路文化遗产保护事业必将有更加辉煌的未来。

曾有学者指出，要让文化遗产不止于繁华记忆，更要让它拥有生机勃勃的生命力和未来。因此，需要用铁路文化遗产的价值与魅力，来增加我们的文化自信和国家认同。本书是我撰写的第三部《我讲述的铁路遗产故事》，既然是以讲故事的形式向读者展现铁路遗产保护利用情势，就不能写成学术论文的模式。但有一点与学术论文是一样的，那就是所讲故事也须有事实、有依据、有观点、有结论，内容必须是严谨的、真实的、经得起推敲的，目的是使所讲故事文如其事，有据可查，从而做到雅俗皆宜。无论以何种形式讲述故事，故事的魅力都是亘古不变的，好的故事总是经过千锤百炼，让人百读不厌的。让我们转入铁路文化遗产故事的正题，来看看本书有些什么吸引你的地方。

目　录

第一章　工业遗产保护可持续发展的新历程

——相关国际组织对工业遗产的认定

1. 国际组织对工业遗产的认定

国际工业遗产保护委员会前任秘书长史密斯先生（该委员会现任秘书长是斯蒂芬·修斯）说过，国际工业遗产保护委员会与国际古迹遗址理事会已形成必要的联系，并进行相关的研究工作，国际工业遗产保护委员会向国际古迹遗址理事会建议具有工业特征的、潜在的世界遗产提名。因此，国际工业遗产保护委员会还

TICCIH
THE INTERNATIONAL COMMITTEE FOR THE CONSERVATION OF THE INDUSTRIAL HERITAGE

国际工业遗产保护委员会标识

International Council on Monuments and Sites
Conseil International des Monuments et des Sites

国际古迹遗址理事会标识

成立了其下属的相关组织，分管运河、铁路、纺织、煤矿、有色金属矿场等遗产。

我曾介绍过《保护世界文化遗产和自然遗产公约》(以下称《世界遗产公约》）的诞生，以及《世界遗产公约》对文化遗产、自然遗产、文化与自然双重遗产、文化景观的定义、类型、认定标准和其他形式的世界遗产，但没有单独讨论工业遗产的内容。现在借本书出版之机，再谈谈世界遗产中工业遗产这一类型。《世界遗产公约》在第一章中就对文物、建筑群、遗址这三个概念进行了定义，但并未涉及任何工业或技术遗产方面的术语。虽然在《世界遗产公约》中定义的文化遗产类型并没有明确涉及工业或技术遗产，但基于世界遗产委员会关于文化遗产突出普遍价值的表述及具体的评价标准，仍会有一些与工业或技术相关的文化遗产入选《世界遗产名录》。因为世界工业革命的发生、发展，已使桥梁、工业建筑、铁路交通设施、矿冶开采等工业领域产生了全新的形式和技术成果。这就为文化的广泛发展做出了重要贡献，由于这些成果无疑是具有突出普遍价值的，所以与此相关的工业或技术遗产进入《世界遗产预备名录》，也就成为必然趋势。

实践告诉我们，工业遗产与工业考古密不可分。而工业考古就是从工业与文化、与文明、与民生等多个角度探索各类工业的产生和发展。以及探讨工业遗产的工业产品、产业链、产业地位、发展机制等问题。工业考古把工业遗产放在更为广阔的人的世界、文化的世界、文明的世界、人与自然相互依存的世界、人类不同文化互动互联的世界中去观察、分析和思考，以揭示工业不断重塑人们生活世界的波澜壮阔的过程、作用、机理和规律。到20世纪70年代后期，工业考古这一概念经过不断的演进和延伸，以及工业考古人员持续的努力，工业遗产的保护已逐渐成为国际共识。为此，于1978年在瑞典成立了国际工业遗产保护委员会。该委员会的成立，标志着工业遗产的保护迈上了全球化合作的道路。国际工业遗产保护委员会成立后，该委员会对那些具有突出普遍价值的工业遗产，特别是进入世界遗产预备名录的工业遗产，向世界遗产委员会作了较详尽的解释。由于该委员会对某些工业遗产的确认，已经使世界上的一些工业遗产成为《世界遗产名录》中的一员。以铁路为例，1998年列入《世界遗产名录》的奥地利塞默灵铁路和1999年列入《世界遗产名录》的印度大吉岭—喜马拉雅铁路就是最好的范例。世界遗产由此延伸出一个独特的、具有线状特征和旅游开发价值的文化

已废弃并成为湖南省级文物保护单位的原粤汉铁路白石渡隧道

英格兰德比郡的西尔顿铁路博物馆收藏的退役矿山用电力机车

遗产类型——铁路遗产。除此之外,《世界遗产名录》中还包括印度的两条高山铁路，即卡尔卡—西姆拉铁路和尼尔吉里铁路；意大利和瑞士共有的阿尔布拉—贝尔尼纳铁路；印度的贾特拉帕蒂·希瓦吉火车站。我在2014年4月出版的《凝固的历史　永恒的遗存》一书中，对这几条铁路和车站的形成、运行、申遗过程等情况做了较详细说明，有兴趣的读者可以读一读此书，将有助于理解为何这些铁路遗产能够成功申遗。

1788年建成的威尔士南部的布莱纳文钢厂于1886年制造的钢轨

或许有读者会产生疑问，到2021年末我国已拥有15万多千米铁路线，其中不乏历史悠久的铁路，如中东铁路［滨洲段（哈尔滨—满洲里）、滨绥段（哈尔滨—绥芬河）］、滇越铁路（昆明—河口）、京张铁路（北京—张家口）、胶济铁路（青岛—济南）、陇海铁路（兰州—连云港）等，却没见哪一条铁路进行申遗。我想原因或许有以下几点：首先，这些铁路历史虽然悠久，线路里程也很长，但铁路沿线的铁路不可移动遗产保护并不理想，有些历史遗产已经灭失或损坏，总体保护状况并不乐观。其次，滇越铁路属于跨境铁路，如果申遗则需要两个国家共同提出申遗理由，由此会带来一些国际双边问题。这种跨国境铁路的申遗，并非仅是文物管理部门一家的事，还涉及外事部门有关国际交涉等问题。如单就滇越铁路国内段（昆明—河口）申遗是否可行，也需做深入研究才能确定。这些铁路如果计划申遗，首先要由遗产所在地的政府部门以遗产提名地的名义，把准备提名的遗产列入各地的《世界遗产预备名录》之中（本章第4节专门介绍最新版的《世界遗产预备名录》编制和修订指南的发布），如果连《世界遗产预备名录》都未进入，申遗就不可能进行。这就是我国一些铁路至今没有申遗的原因，而像京张、胶济、陇海等铁路，由于沿线的铁路不可移动文物受损、缺失或面临损坏的危险等情况，致使这些铁路也不具备申遗条件，的确非常遗憾。

各国为申报世界遗产而向世界遗产委员会提交的《世界遗产提名地预备名录》体现了文化遗产、特别是工业遗产发展、变化的某种趋势。近年来，越来越多的工业遗产出现在不断修正的《世界遗产预备名录》中。从各国提出《世界遗产预备名录》的变化可以看出，有些工业遗产的入选，是受到国际古迹遗址理事会和国际工业遗产保护委员会专项研究成果的影响。他们对工业遗产价值的深入研究以及对遗产重要性的不断呼吁，引起了世界遗产委员会和各国的高度重视。

2. 工业遗产如何列入《世界遗产名录》

截至2020年末，《世界遗产名录》中工业遗产已有54项，其中38项属于欧洲国家，占《世界遗产名录》中工业遗产总数的70%。比如英格兰南部康沃尔郡和德文郡的矿业景观、威尔士旁特基西斯特水道桥及运河等都已成为世界遗产。其中康沃尔郡和德文郡采矿业遗产在2006年作为矿业景观列入《世界遗产名录》。旁特基西斯特水道桥及运河在2009年作为人工水道列入《世界遗产名录》。对这54项入选《世界遗产名录》的工业遗产的入选原因及入选时所采用标准进行分析可以看出，应用了包括遗产入选标准第Ⅱ（重大影响）、标准第Ⅳ（建筑或技术范例）的有28项，其中单独采用标准第Ⅱ或标准第Ⅳ的共有12项。这一点显示出世界遗产委员会对工业遗产在建筑、技术、城镇规划、景观设计等方面的"突出普遍价值"的认可，但有时认定标准略显雷同，也使入选的工业遗产存在着类型趋同的倾向。

退役后的大型工业机械零部件

中国工业博物馆收藏的国家三级文物——1958年制造的卧式花键轴铣床

《世界遗产名录》中的54项工业遗产，按工业城镇、工业景观、交通设施（含铁路）、矿冶及相关工业、水利水运设施（含运河）、制造加工、其他等，共7个类别。对于不同类别工业遗产而开展的专题研究，可以成为寻求工业遗产类型平衡、增加工业遗产入选《世界遗产名录》可能性的一项重要手段。按照国际工业遗产保护委员会的相关规定，工业遗产中的工业部门分类划分为能源动力、矿冶、铁路、运河、海运、通信、纺织、钢铁、机械工程、制造业（含玻璃、皮革、纸张、木材、食品）、化学、水力以及其他等类别。从中可以看出，铁路遗产在此分类中排名是相当靠前的。

从各国对申报遗产的提名，到被列入《世界遗产名录》要经历若干道程序和相对漫长的时间，但这些都是必经程序。截至2021年7月，第44届世界遗产大会后《世界遗产名录》中的世界遗产数量已达1154项。

由于审核文化遗产时，强调遗产的突出普遍价值。而突出普遍价值是指罕见的、超越了国家界限的、对全人类的现在和未来均具有普遍重要意义的文化价值或自然价值。因此，对具有突出普遍价值遗产的永久性保护，对整个国际社会具有极大的重要性。

2005年，世界遗产委员会根据《世界遗产名录》中存在的地理和主题不平衡的问题，制定了以更全面的方法，取代过去主要以时间为标准解释具有突出普遍价值这一入选评价标准的方法。在提出“1992年《世界遗产公约》发表20周年纪念评论报告”时，世界遗产委员会就认为世界遗产定义中的三大领域——文物、建筑群和遗址并不能涵盖所有的遗产领域。工业遗产便是当时欠缺的遗产领域之一。

目前确定的《世界遗产名录》，在今后要扩展的内容框架包括三个方面即：第一，拥有不同文化遗产类别的类型学框架；第二，拥有以时间和空间范围的世界文化遗产为目标的编年——地区框架；第三，拥有以不同内容为主题的遗产框架。

其中在“类型学框架”中明确指出了“农业、工业和技术遗产”这一文化遗产类型，并确定了此类遗产的具体内容，即在此框架下的“文物”包括工厂厂房、桥梁、水利管理系统（堤坝、灌溉系统等），“建筑群”包括工业和农业聚居地，“遗址”包括工业和农业景观、矿场及矿冶景观、运河、铁路等。

虽然入选《世界遗产名录》的工业遗产数量在各国和国际工业遗产保护委员会的努力下不断增加，但相比文化遗产的总数量而言，工业遗产的入选数量仍然是偏少的，而且地区分布也很不均衡，欧洲的工业遗产数量占了绝对优势。相比于文化遗产保护的国际发展趋势，我国在工业遗产保护、利用、研究等方面相对薄弱，工业遗产的影响力和重要性尚未得到充分体现。

2018 年 8 月 13 日在加拿大萨斯喀彻温省中南部城市萨斯卡通举行的第 69 届国际灌溉排水执行委员会理事会会议上，中国在公元前 256 年修建的四川都江堰水利工程，成功通过 2018 年度世界灌溉工程遗产评选，正式列入世界灌溉工程遗产名录。因此，我国还应加快诸如矿冶、铁路、桥梁、化工、纺织等工业遗产的申遗步伐，为使中国有更多的工业遗产进入《世界遗产名录》而不懈努力。

2021 年 7 月 25 日，在中国福州召开的联合国教科文组织第 44 届世界遗产大会上，我国提名的世界遗产项目“泉州：宋元中国的世界海洋商贸中心（包含 22 处承载着关键价值特征的代表性古迹遗址）”顺利通过世界遗产大会的审议，成功列入《世界遗产名录》，由此，我国的世界遗产数量达到 56 项。

进入《世界灌溉工程遗产名录》的中国四川都江堰水利工程

3.《实施保护世界遗产公约的操作指南》（2019 年版）的发布及其亮点

自 1972 年联合国教科文组织通过《保护世界文化和自然遗产公约》（下称《世界遗产公约》）至 2021 年，全世界已有 193 个缔约国加入该《世界遗产公约》，公布了 1154 项世界遗产，为保护对人类共同发展具有突出普遍价值的遗产做出了杰出的贡献，产生了深远的影响。《实施保护世界遗产公约的操作指南》（下称《操作指南》）是 1977 年在法国巴黎召开的第一届世界遗产大会上获得通过的。该《公约》建立了一套严密、完整并有很强可操作性和在全世界适用的保护世界遗产实施体系。而且，《操作指南》随着社会的不断发展变化也在不断修订更新。2019 年，在阿塞拜疆巴库举行的第 43 届世界遗产大会上通过了全新修订的《实施保护世界遗产公约的操作指南》（2019 年版）。

对该《操作指南》几处亮点的评价：

（1）上游程序的引入。近些年许多新申报的世界遗产提名项目颇具挑战性，给咨询机构和世界遗产委员会的评估工作造成不小的困难。2010年，“上游程序”这一新概念的引入为这一问题带来了突破。该程序通过建议、咨询和分析等形式，使咨询机构和世界遗产中心秘书处能够在缔约国准备或提交提名之前直接向缔约国提供支持。对于具有挑战性的提名项目，上游程序可以减少其评估过程中遇到的重大问题。

有关上游程序的内容在2015年修订的《操作指南》中首次出现，并一直成为《操作指南》修订工作关注的重点。2019年，新修订的《操作指南》更是新增加附件15：“上游程序申请表”，其内容包括申请的遗产情况、时间计划、资金支配等项，更加细化和规范了各缔约国得到上游程序的支持。此举，可以加强世界遗产中心及咨询机构与各缔约国的交流和协商，优化申报流程，提升可行性，也有助于各国更好地进行世界遗产申报工作。

（2）世界遗产与可持续发展。尽管文化遗产对社会具有至关重要的意义，并且对于文化遗产为实现社会、经济和环境发展的目标，做出贡献的巨大潜力也得到广泛认可。但是，长期以来，文化遗产在可持续发展的讨论中一直处于缺席或弱势状态。后来在一些联合国成员国和地方利益相关方的强烈呼吁下，2015年9月25日，“联合国可持续发展峰会”在纽约联合国总部成功举办，与会的193个成员国共同通过了包括17项可持续发展目标和169项具体目标的纲领性文件——《改变我们的世界：2030年可

联合国发布的 17 项可持续发展目标图示

持续发展议程》。该《议程》首次认可了文化（包含文化遗产、创造力）的作用，将其作为实现可持续发展目标的推动力。

2015 年 11 月，《世界遗产公约》缔约国召开的第 20 届大会通过了《将可持续发展愿景融入世界遗产公约进程的政策》这一重要文件。该《政策》的总体目标是通过适当的指导，协助有关国家、从业者、机构、社区和网络利用世界遗产和其他遗产的潜力，为可持续发展做出贡献，从而提高《公约》的有效性和相关性，同时尊重《公约》保护世界遗产突出普遍价值的首要宗旨和任务。这一重要文件的通过标志着《公约》实施的重大转变，是其历史上的重要一步。2019 年，最新修订的《操作指南》在全文的诸多章节中，进行了 20 多处关于可持续发展的修订，积极呼应了《改变我们的世界：2030 年可持续发展议程》，同时关注到在世界遗产工作中的社区参与、性别平等、文化多样性等可持续发展问题。

（3）国际援助程序。《公约》中的国际援助是指向加入《公约》的缔约国提供经济支援，以帮助它们保护列入《世界遗产名录》或《濒危世界遗产名录》的文化和自然遗产。目前，已有来自意大利、芬兰、印度、韩国、法国、日本、荷兰、德国、土耳其、菲律宾等国资助的13个基金项目可以申请。

2019年，最新修订的《操作指南》将原规定中，“咨询机构评估预算超过5000美元的所有请求，低于该预算门槛的请求只能由秘书处进行评估”的预算金额提高到3万美元。这一改变是通过减少咨询机构评估国际援助请求的数量来减轻其工作量并提高效率，也有助于避免重复，并使整个进程的管理更加灵活、及时和有效。

《公约》最主要的优势是不断演变，体现可持续的原则。虽然《公约》本身不能进行实时更改，但《操作指南》作为实施《公约》条款和原则的重要工具则具有很强的灵活性。《操作指南》的修订反映出世界遗产相关概念和程序的更新与发展，它的存在丰富了《公约》的内容，同时又忠实于《公约》精神。今后，世界遗产委员会还将对《操作指南》中附件3：“特定类型遗产”列入《世界遗产名录》指南、《世界遗产名录》章节中的管理体制、申遗过程中“发还待议”程序及申请等内容进行修订。

4.《世界遗产预备名录》编制和修订指南（2020年版）的发布

2020年7月，国际古迹遗址理事会发布了最新版的《世界遗产预备名录》编制和修订指南（下称《〈预备名录〉编修指南》。

这一《〈预备名录〉编修指南》，是在国际古迹遗址理事会、世界自然保护联盟世界自然保护联盟标识国际文物（文化财产）保护和修复研究中心联合国教科文组织世界遗产中心共同协作下编纂完成的。这一《〈预备名录〉编修指南》的发布，旨在为处于世界遗产申报最初阶段（即提交申报之前或提交申报的上游程序）的缔约国提供支持。全世界有近 17 个国家参加了《〈预备名录〉编修指南》的编纂工作。还有许多个人和组织以他们的专业知识和丰富经验为《〈预备名录〉编修指南》提供帮助和提出意见。

世界自然保护联盟标识

国际文物（文化财产）保护和修复研究中心标识

这份《〈预备名录〉编修指南》内容相当丰富，仅《预备名录》就包括前言、说明、《预备名录》基本信息（含《世界遗产公约》第 11.1 条、处在整个申报流程的位置、《操作指南》中的《预备名录》指导、筛选遗产列入《预备名录》的流程：一般原则、上游程序背景下的《预备名录》）。编制和修订《预备名录》：循序渐进的过程，包含筹备、提出、评估、协调、批准和提交及回顾 6 部分内容。咨询机构参与编制和修订《预备名录》的方式，包含关于编制和修订《预备名录》的一般意见（模块 1 和模块 2），个别候选遗产的特殊意见（模块 3）。《〈预备名录〉编修指南》最后是 5 个附件，附件 1：上游程序；附件 2：《操作指南》中的《预备名录》指导；附件 3：修订《预备名录》的共享经验；附件 4：申请格式示例；附件 5：参考资料。

《〈预备名录〉编修指南》的前言中特别指出，“除了上游程序之外，世界遗产委员会于 2019 年确立了两个阶段申报程序的原则。第一阶段，由咨询机构初步评估各国提交的《预备名录》中的遗产；第二阶段，是在编写和提交申报列入《世纪遗产名录》的完整申报材料之前。”

各国在提交《预备名录》时务必参考“编制和修订《预备名录》循序渐进过程中的 6 部分内容，即：1. 筹备；2. 提出；3. 评估；4. 协调；5. 批准和提交；6. 回顾。”这 6 部分内容环环相扣，密切关联。除此之外，各国在提交《预备名录》前，还应参考《〈预备名录〉编修指南》附件 3 中提供的“修订《预备名录》的共享经验”。这些都使文化遗产评估过程一目了然。

可以相信有最新版的《世界遗产预备名录》编制和修订指南这一重要参考文献，各国在提交申遗预备名录时，将会更加准确、科学、有序。

第二章　它们是铁路不可移动文物的优秀代表

——解读第八批国保单位中的铁路遗产

从1949年新中国成立至2021年的72年间，文化遗产保护事业得到党和国家的高度重视，并已上升为国家发展战略，这必将对文化遗产的科学保护和永续传承产生重要影响。从2001年6月国务院核定公布第五批全国重点文物保护单位中首次出现铁路不可移动文物名称以来，铁路文化遗产的数量不断增加。到2019年9月国务院核定公布第八批全国重点文物保护单位时，这18年间，全国重点文物保护单位名单中的铁路文化遗产数量已经增加至28处。第八批全国重点文物保护单位中的铁路遗产共有6处，按公布时的名称和顺序，它们是：（1）北京站车站大楼；（2）新开河火车站旧址；（3）白塔火车站旧址；（4）津浦铁路淮河大铁桥；（5）兴隆庄火车站站舍旧址；（6）滇缅铁路禄丰炼象关桥隧群。这6处铁路遗产包括4座车站、1座桥梁、1处桥梁隧道建筑群遗址。以下是对这6处铁路不可移动遗产的解读。

1. 北京站车站大楼

既然说到北京站，那么北京最早的铁路车站是哪一个呢，北京最早的铁路车站是位于北京城南马家堡村的马家堡车站。

1881 年中国第一条经清政府批准修建的商办铁路——唐胥铁路（唐山—胥各庄）建成。此后这条铁路不断延伸建造，陆续延伸至天津、山海关等地，成为唐津铁路（唐山—天津）、津榆铁路（天津—山海关）。1888 年清末重臣李鸿章向清政府建议，“为利于用兵”可将津榆铁路延至北京通州，使之成为津通铁路（天津—通州）。当年清朝廷上下曾为此展开过一场津通铁路修建之争，最后各方达成妥协，津榆铁路不再延至通州，而改为延至卢沟桥，从而形成津卢铁路（天津—卢沟桥）。1897 年，为津卢铁路开通而建造了马家堡车站。1900 年马家堡车站被焚毁后失去了它的作用。1902 年马家堡车站残存的站房改为永定门车站。1958 年新的永定门车站建成后，马家堡车站被永久拆除。

历史照片：1897 年由英国人设计建造的马家堡车站是北京第一座火车站

历史照片：20世纪50年代初原京奉铁路正阳门东车站曾使用赤过京站的名称

现在讲述的北京站大楼，是指建于1959年，位于北京市东城区毛家湾胡同甲13号的北京站。它的前身是建于1901年位于前门附近的京奉铁路（北京—奉天）正阳门东车站。1900年，八国联军侵入北京，英国军队为了军事运输和加强对北京城的控制，强行把铁路从永定门延伸至前门。1901年末，首台机车驶抵还没有建造站房和站台的京奉铁路正阳门东车站。直到1906年站舍才正式建成使用。1907至1910年间每日办理列车8对，而且只能白天行车。这一时期，京奉铁路正阳门东车站是全国最大的铁路车站和交通枢纽。此后，这座车站数次易名。1937年卢沟桥事变后，车站被侵华日军占领，更名为前门站，1938年6月10日，又易名为北京站。1945年8月，世界反法西斯战争和中国人民抗日战争取得全面胜利，日本宣布无条件投降。同年10月，车站再次更名为北平站。1946年，又一次改名为北平东站。1949年，北平和平解放。9月30日，北平东站正式改名为北京站，并沿用至20世纪50年代。

中华人民共和国成立后，北京站作为祖国的国门和首都的迎宾门，承担着大量重要的迎送工作。随着北京城市建设的日新月异，以及越来越繁重的运输任务，建设一座新的北京站已迫在眉睫。新北京站的建筑设计，由铁道部第三设计院和南京工学院等单位共同完成。北京站在建设期间，毛泽东、刘少奇、周恩来、朱德、董必武、邓小平、宋庆龄、彭真等党和国家领导人亲临北京站建筑工地和建成后的北京站视察。党和国家领导人对北京站的关怀，极大地鼓舞了施工人员的干劲和工作热情，建设者们昼夜奋战在北京站建设工地。自 1959 年 1 月 20 日开工，至同年 9 月 10 日竣工，仅用 7 个月零 20 天，不仅创造了中国铁路建设史上的奇迹，还使它成为首都的地标性建筑。

北京站的建设离不开全国各方面的支援。施工人员紧张的时候，由呼和浩特铁路局调来 3000 人，从郑州铁路局调来 1000 人。天津铁路工程学校、太原工学院的学生也加入了建设大军。2 万余名施工工人、300 多台施工机械、200 多台运输材料的汽车，为建设新北京站日夜奔忙。北京站中央大厅，是车站建筑结构的核

历史照片：正在建设中的北京站

历史照片：1959 年 9 月 15 日新建的北京站举行落成仪式，标志着北京站正式交付使用

历史照片：鸟瞰新建成的北京站全貌

心。大厅建成后，在大厅内安装了新中国第一部自动扶梯供人们使用。大厅前面是三个大型玻璃拱窗，阳光透过大型玻璃拱窗照进候车大厅。大厅的顶部采用35米×35米的钢筋混凝土预应力拉杆双曲扁壳结构（俗称大薄壳）。这样的建筑结构在我国建筑史上尚属首次采用。1959年建成的北京站，在当时就已采用了旅客上进下出式的设计理念，这种设计方式现在仍被许多高铁车站所使用，因此，北京站成为采用这种设计理念的先行者。

新建的北京站比老北京站（原京奉铁路正阳门东车站）面积大了8倍。车站大楼内的候车面积达1.4万平方米，可同时容纳14000名旅客候车。中央大厅设有4部自动扶梯，每小时可运送6000人次。北京站为前候车厅后站台中轴对称式布局，以两翼建筑拱卫着中央建筑。车站占地面积25万平方米，建筑总面积8万

历史照片：新建北京站曾使用的旅客电视问询设备

平方米，车站主楼坐南朝北，站房东西宽 218 米，南北进深 124 米，建筑面积 71054 平方米，站前广场面积 4 万平方米。中国铁路第一个无站台柱雨棚，也在北京站诞生，无站台柱雨棚覆盖面积 81887 平方米，柱间距约 33 至 34 米，高度为 13 米。车站主建

历史照片：北京站建成后开出的第一趟旅客列车

筑有两座黄色琉璃瓦顶的四面塔钟，每到整点时间，塔钟就会先发出悦耳的《东方红》乐曲的音调，这音调从1959年车站建成至今日，已经鸣响了62年。《东方红》乐曲过后是报时的钟声，报时时是几点，塔钟就会发出几声响声。

历史照片：每日整点发出悦耳的《东方红》乐曲和报时钟声的北京站钟楼

北京站的快速建成，充分体现了中国共产党领导的社会主义制度下集中力量办大事的优越性，在国内外引起很大反响。1959年在中华人民共和国成立10周年之际，它还成为北京的十大建筑之一。为此，中国人民邮政在1960年发行了《北京站》一套两枚的特种邮票（特42）。1965年6月，中国铁道博物馆的前身铁道部展览工作处编印了《北京站》彩色明信片（一套10张）。1965年10月又编印了

北京站外景

北京站内安装的四部自动扶梯

中国人民邮政 1960 年 8 月 30 日发行的《北京铁路车站》特种邮票

中国铁道博物馆的前身铁道部展览工作处于 1965 年 10 月编印的《北京站》画册封面

《北京站》彩色画册向全国发行。2016 年 9 月，工业和信息化部公布的首批 98 项中国 20 世纪建筑遗产项目入选名录中，北京站大楼也名列其中。

2. 新开河火车站旧址

新开河火车站旧址即现在的天津北站，坐落于天津市河北区中山路 2 号，紧邻新开河，是中国现存较完好的早期铁路车站，也是清末北洋新政的产物。现存有站房、木结构人行天桥、礼堂、站台、候车室等运输设施，且基本保持了原貌。这座车站建于 1903 年，历史上曾经先后称为新开河火车站、天津中央车站、天津城火车站、天津新站、天津总站。这是一座历史悠久的铁路车站，曾是天津市文物保护单位。由于车站运输设施老化等原因，新开河车站在 2014 年 4 月 1 日至 2015 年 4 月 30 日停止办理客运业务。后车站经过修整后又利用津蓟铁路（天津—蓟县）开行了天津至蓟州的市郊旅客列车。

1888 年天津建成了首座铁路车站——老龙头车站（即现在的天津站）。庚子事变之后，老龙头火车站被包夹在俄国租界之间，一直受西方列强控制。至 1902 年，时任直隶总督兼北洋通商大臣的袁世凯，经常通过京榆铁路（因山海关旧称榆关，所以京山铁路又称京榆铁路）往来于京津两地。但俄国人不允许在老龙头火车站接送袁世凯的仪仗队携带枪支进入俄租界，也不允许他们鸣炮，这让袁世凯感到难堪。袁世凯眼见当时天津唯一的火车站受列强控制，每次出入车站还要看外国人脸色。为此，他下令在老龙头火车站以北 4 千米处修建新的车站。

新开河是天津市的一条河道，主要流经现河北区的河段长约 6.3 千米。这座新建的火车站在 1903 年正月竣工。因靠近新开河而命名为新开河火车站，后曾更名为天津城火车站、天津新站、天津总站。1910 年。京奉铁路（北京—奉天）与津浦铁路（天津—浦口）在新开河站举行了联轨仪式。1912 年津浦铁路全线通车后，车站更名为天津总站。1937 年天津被侵华日军占领。1938 年，天津总站被更名为天津北站，此后，这一名称一直沿用至今。

这座历史悠久的车站见证了许多历史事件，如清末五大臣出洋考察团及立宪运动许多考察团的出洋和回国，都曾在新开河站

历史照片：建成不久的新开河站

经过或停留。1923年，时任中华民国大总统黎元洪从北京出逃至新开河站时，曾遭到当时担任直隶省省长的王承斌等人劫车，抢走黎元洪所携带的总统印信等物品。

新开河站内的旅客天桥建成于1903年，横跨在三座站台之间，是当时国内铁路车站中最好的天桥，也是中国目前历史最悠久的车站天桥，现在跨线天桥的格局是在20世纪20至30年代形成的。天桥长52.2米，宽2.8米，高6米。天桥主体为钢结构，桥身为钢桁架，阶梯为钢筋混凝土结构，桥面为木结构，但这座天桥一直为露天式。到1978年，铁路部门在天桥顶部加盖了防雨罩棚后才结束了露天式天桥的历史。

我在2015年4月出版的《津沽铁路的历史记忆》一书中，曾较详细地讲述了新开河站的建设与特点。其中，特别提到新开河

历史照片：新开河站的旅客天桥

历史照片：新开河站候车室外景

历史照片：新开河站刚建成时的跨线天桥及站线

站的老站房和那座钢木结构的跨线天桥。当年写作该书时，新开河站尚未被确定为全国重点文物保护单位，只是天津市文物保护单位。现在，新开河火车站已被确定为全国重点文物保护单位。有兴趣的读者可以读一读《津沽铁路的历史记忆》这本关于天津铁路历史文化的书籍，可对新开河火车站加深理解。

由于新开河站站房与站内旅客天桥等建筑保留了民国初期的形式格局并保存较完好，近些年成为拍摄近代题材影视剧的外景地。

新开河站钢结构的站台雨棚及钢木结构的跨线天桥

新开河站站房靠近线路一侧外景

2015 年重新开办客运业务后的天津北站（原新开河站）

3. 白塔火车站旧址

被当地称为白塔的呼和浩特市万部华严经塔

白塔火车站旧址，在内蒙古自治区呼和浩特市赛罕区，1921年开工建造，1923年建成投入使用，是原平绥铁路（北平—绥远），现京包铁路（北京—包头）的一座小型车站。后因集包铁路（集宁—包头）第二双线的修建，京包铁路呼和浩特段改为货运线后线路外绕，不再经过白塔站，所以车站停用。因这座车站附近有一座被称为白塔的万部华严经塔，所以称车站为白塔火车站。该车站现隶属中国铁路呼和浩特局集团公司，是由呼和浩特站管辖的4等车站，不办理客货运业务。白塔火车站旧址在1977年改为呼和浩特铁路局职工教育基地。2005年3月，铁路分局撤销前，还曾作为集宁铁路分局呼和浩特车务段职工培训学校。这座车站在2014年9月24日被确定为内蒙古自治区重点文物保护单位。由于该文物保护单位院内杂草丛生，环境脏乱，为此，2017年3月21日，由呼和浩特市赛罕区文物管理办公室联合呼和浩特市赛罕区巴彦街道、呼和浩特铁路局等单位，集中清理整治此处的环境卫生。经过环境整治，使白塔车站面貌有所改观。

车站部分房间曾改做集宁铁路分局呼和浩特车务段职工培训学校

站房及附属建筑为砖木结构，是一种屋顶为四个坡面结构的车站，这种建筑形式的车站，在京张铁路（北京—张家口）、张绥铁路（张家口—绥远）沿线还有很多。京张、张绥两条铁路接通后称为京绥铁路、平绥铁路。平绥铁路从勘察设计到建造施工，完全由中国人自己独立运作，整个铁路建造过程没让外国人插手，是民国时期由中国人自己建成的一条铁路。这条铁路沿线有不少这种风格的车站，如大同、卓资山、马盖图、陶卜齐、集宁南等站。白塔车站站房墙体为红砖衬砌，建筑形式类似于歇山式屋顶，屋顶有四个坡面。正脊上部东西各有一个烟囱。站房南北侧各有9根木制方形立柱，东西侧各有5根木制方形立柱，在站房四周形成一个环形走廊。在视觉上给人以棱角分明、结构清晰的感觉。在站房屋顶正上方是一个成等腰三角形状的双通风孔，在这个通风孔的正中间靠上部位有“白塔车站”四个字。东西两侧各有一个半圆形通风孔。这些通风孔使得整座车站冬暖夏凉。在东西两侧三角形墙面的通风孔上刻有中英文的“白塔车站”和“PAITA”字样。其中站房上镶嵌的“白塔车站”四字汉字，是1921年8月由当时的京绥铁路局局长陈世华所书写。

白塔车站旧址整修前的状况

白塔车站旧址整修后的状况

历史照片：张绥铁路大同站也是这种建筑风格

这座车站由站房、信号房、售票房、站长室、其他业务用房组成。1937 年侵华日军占领归绥后对白塔车站建筑进行过局部改造，但车站整体结构没有改变。在车站站房建筑的东南角，尚留存着一座用于防御的圆形混凝土地堡，从外面可见地堡上密布的射击孔。这座车站在中国近代史上虽然没有什么特殊意义，但因建筑风格和建造年代，而入选全国重点文物保护单位名录。

已显破旧的白塔车站站房回廊

张绥铁路白塔车站旧址半圆形通风孔上部有“白塔车站”四个字

由时任京绥铁路局局长陈世华所书“白塔车站”

白塔车站原候车室入口大门

从东南侧看白塔车站站房和地堡

4. 津浦铁路淮河大铁桥

津浦铁路淮河大铁桥，位于安徽省蚌埠市蚌山区与龙子湖区的交界处，南距蚌埠车站 1.9 千米，西距老蚌埠港约 500 米，现京沪铁路（北京—上海，原津浦铁路）经过此桥。这座桥于 1909 年 11 月开工建设，1911 年 7 月竣工，当年是津浦铁路（天津—

历史照片：1911 年 7 月津浦铁路淮河大桥竣工

浦口）的第二大桥梁，仅次于同时期建造的济南泺口黄河大桥。泺口黄河大桥已在 2013 年 5 月被确定为第七批全国重点文物保护单位。对于济南泺口黄河大桥，我在 2014 年 4 月出版的《凝固的历史　永恒的遗存》一书中已有详细解读。淮河桥的建成对于沟通淮河两岸南北交通、发展区域经济和巩固国防都具有重要作用。现在这座大桥是中国保存较完好的一座铁路桥梁，具有重要的科学和历史价值。

淮河大铁桥由津浦铁路英方总工程司德纪（T.W.Tuckey）设计建造。桥址原定建在临淮关附近，但在建桥前当地的百姓因担心铁路会“破坏地脉”，而极力反对。怀远县当地乡绅却上书清政府，请求将淮河铁路大桥改在怀远的荆山和涂山的峡谷间，以使怀远古城兴盛。英方通过实地考察，发现此处地势低洼、河道狭窄、易被洪水淹没，建桥风险很大。英方总工程司德纪否定了在临淮关建桥的想法。后经他实地调查、比较，最终选择距临淮上游约 19 千米的蚌埠建桥。这里地势较高，不易受洪水影响，这里河床底部岩石坚硬，建造桥墩比较稳固，在此处建桥是适宜的。于是在 1909 年 11 月开工建造淮河大桥，1911 年 7 月桥梁竣工。该桥设计为固定式桁梁桥，桥梁全长 570 米，桥墩采用气压沉箱法施工。当年为建造此桥，清政府从唐山调来了一千多名筑路工人，从皖北招募了两万多名农民参加这座桥梁的建设，建桥所用材料均靠民工们沿淮河水路运至蚌埠。建桥共浇筑混凝土8806立方米、所用花岗石352立方米、碎石508立方米、钢材250吨。除钢桁梁是从苏格兰锐特赫德森公司采购外，其他建桥器材均在中国国内购置，所用气压沉箱由上海江南造船厂制造。全桥共用款项不到100万银元，比原计划的110万元节省10万元。淮河铁路桥的建成连接了淮河南北两岸，使津浦铁路过淮河成功贯通。淮河铁路大桥建成后，蚌埠也得以开埠，使它从一个中小集镇迅速发展成安徽的商业中心，在20世纪50年代又成为安徽的工业中心。蚌埠的人口也从津浦铁路通车初期的500户，增长到20世纪30年代的10万余人，到1947年更增长到30万人，人口的增长使蚌埠很快升级为城市。后来人们称蚌埠是“火车拉来的城市”，津浦铁路淮河铁桥也成为该市的城市象征。

历史照片：淮河铁桥上铺设的枕木和钢轨

历史照片：淮河铁桥竣工后全景照

1938 年 2 月，为阻止侵华日军南进，国民革命军第 67 师在 1938 年 2 月 2 日撤离蚌埠时，炸毁了该桥的 7 孔钢梁和 6 座桥墩。侵华日军攻占蚌埠后，于同年 9 月将淮河铁桥修复。解放战争时期，国民党军第 96 军为阻止人民解放军南下，在 1949 年 1 月 16 日又炸毁了该桥第 3 至第 7 孔桁梁及 3 个桥墩，其中第 3、4、7 孔桁梁各被炸落一端，第 5 孔梁中部被炸断落水，第 6 孔梁全部被炸落入水中。当年中国人民解放军在即将发起渡江战役前，为保证后勤补给和人员过河的通畅，中国人民解放军铁道兵团和苏

历史照片：1938 年被中国军队炸断的津浦铁路淮河大桥

历史照片：1938 年侵华日军在被中国军队炸毁的津浦铁路淮河大铁桥旁架设临时便桥通过淮河

历史照片：解放军铁道兵团第3支队在被炸断的淮河大桥旁搭建临时便桥

联的桥梁专家经研究后决定，在淮河大桥上游30米处搭建一座临时性的渡河便桥，以解决人员和装备输送问题。便桥在1949年5月1日开工，6月30日竣工，便桥建成后，中断了12年之久的津浦铁路重新跨淮河而南北连通。虽然淮河大桥修复通车了，但当时列车只能以25千米/时的速度缓慢通过便桥，由于列车通过便桥时速度过慢，对铁路运输影响很大，所以在1950年8月20日铁路部门将便桥拆除。

1949年11月，津浦铁路淮河大铁桥正桥修复工程启动。工程由济南铁路局桥梁工程处的4个桥工队负责施工，修复工程于1949年11月16日开工，1950年7月4日竣工，历时237天。共用钢材154吨、水泥286吨，铺设线路及两端正线1193米。1950年7月11日，时任铁道部部长滕代远主持了淮河大桥修复落成典礼。1957年后，铁路部门又对淮河铁桥进行过多次改造和加固，1965年曾将第二孔钢梁换成华伦式钢梁（Warren truss）。1970年1月7日，蚌埠淮河铁路复线桥在下游5千米处兴建，并在1975

历史照片：列车正在通过修复后的津浦铁路淮河大桥

年6月1日和蚌埠东站同时交付验收和使用。新桥投入使用后，津浦铁路的货物列车皆由新桥通过淮河，不再经过蚌埠站和老淮河桥。1987年，根据治理淮河的规划，确保洪峰顺利通过大桥，淮河老桥北岸河段截弯取直，为此，淮河老桥向北扩孔340余米、接长11孔，桥梁南端更换了4孔柏式桁梁。此工程被称为“退堤切滩”，于1987年4月1日开工，1988年7月30日竣工，扩孔后桥梁全长增加为930.27米。施工期间，老桥封闭停用，蚌埠站的旅客列车通过新桥迂回运行。2002年，作为津浦铁路复线建设和改造的一部分，一座与老铁路桥相似的淮河京沪铁路（北京—上海）淮河二桥紧邻着老桥建成。新的复线铁路桥全长2100米，其主跨为多孔钢梁，采用浮托法一次架设就位。由此，两座大桥也常被统一称为蚌埠淮河铁路双桥。

画面左侧是津浦铁路淮河大桥老桥，右侧是2002年在百年老桥旁新建的京沪铁路淮河二桥

为纪念在搭建淮河临时便桥和抢修津浦铁路淮河大铁桥时光荣牺牲的中国人民解放军铁道兵三支队的王吉珍、刘建国、李鸿顺、周禧贵、周建武、任武志6位烈士，于1949年7月1日，在津浦铁路淮河大桥的南端西侧建立了一座“建桥烈士纪念塔”。纪念塔由上、下两部分组成，纪念塔的基座为砖混结构，外面用水磨石装饰。纪念塔南侧镌刻的文字记载了中国人民解放军铁道兵团三支队搭建临时便桥和抢修淮河铁桥的过程，以及在搭建临时便桥和抢修淮河铁桥时牺牲的铁道兵战

淮河铁路大桥旁的建桥烈士纪念塔

津浦铁路淮河大桥旁的建桥烈士纪念塔北侧

津浦铁路淮河大桥旁的建桥烈士纪念塔南侧

士的姓名，纪念碑北侧基石上镌刻着“为人民而死虽死犹荣”9个大字。

津浦铁路淮河大铁桥在抗日战争、解放战争和新中国建设时期都发挥了重要的、无法代替的作用。它是目前我国保存比较完好的铁路桥梁旧址，也是安徽省蚌埠市现代城市兴起的实物见证，具有重要的历史、科学价值。1982年，这座具有蚌埠开埠象征意义的津浦铁路淮河大铁桥，被列为蚌埠市第一批市级文物保护单位。2012年6月，被确定为安徽省重点文物保护单位。津浦铁路淮河大铁桥从1911年建成至2021年，已经历110年风雨洗礼。这期间，除两次因战争人为破坏外，大桥还经过数次较大洪水的冲击，始终安然无恙，确保了淮河南北两岸铁路运输的畅通。2019年4月，津浦铁路淮河大铁桥入选“中国工业遗产保护名录”。从清朝末期到现在，中国铁路发生了翻天覆地的变化，从技术落后到科技引领创新，从丧失路权到“中国标准”为世界瞩目，中国铁路早已不可同日而语。

5. 兴隆庄火车站站舍旧址

由于兴隆庄火车站站舍旧址曾是陇海铁路（兰州—连云港）的一座小站，因此，先简单介绍一下这条铁路的由来。陇海铁路的“陇”是指甘肃省兰州市，陇海铁路的“海”是指海州湾，即现在的江苏省连云港市。这是一条贯穿中国东、中、西部的干线铁路。从1905年开工建设，历经47年的分段修建，到1952年陇海铁路才全线建成通车。线路全长1759千米。这条东起连云港，西至兰州的铁路，曾称陇秦豫海铁路或海兰铁路。陇海铁路现已成为我国“八纵八横”铁路网的“一横”，也是陆桥通道的重要组成部分。

兴隆庄火车站建在河南省开封市祥符区陇海铁路线路的北侧。车站由站房、候车室、售票房等部分组成。车站建筑的外墙由青红两色砖搭配砌成，显得典雅精致。主站房旁另建有站长住所、防空洞等建筑。兴隆庄站站房及候车室于 1913 年开工兴建，1915 年竣工并临时营业，1916 年 1 月正式投入使用。当年该站舍由比利时人设计和建造，整体为简约式风格，类似于比利时风格的殿宇式建筑，站舍面积约 171 平方米。主站房正门上方有用木制托架

陇海铁路兴隆庄车站旧址正面

兴隆庄车站正门前的木制雨搭

陇海铁路明县（现民权县）车站大门上方也有木制托架支撑的雨搭

支撑的雨搭，在陇海铁路沿线曾有不少这种建筑造型的车站，如铜山站、明县（现民权县）站、小壩站、柳河站、内黄站、兰封站等，这些车站都建有这种木制托架的雨搭。兴隆庄站最初叫兴隆站，后被改名为兴隆庄火车站。它原本是一个客运站，20世纪80年代，随着车站性质的变化，这里曾作为车站货运仓库使用。到20世纪末，因车站房屋年久失修以及新建的兴隆庄车站投入使用，兴隆庄老站停用并闲置。

兴隆庄车站站房背面上部留有“兴隆车站”四字

新建的兴隆庄车站

2008 年被确定为河南省文物保护单位后竖立的名牌

兴隆庄车站站长住所

在兴隆庄车站站舍西侧约 100 米处，竖立的石碑上写着“河南省文物保护单位兴隆庄火车站站舍”的文字。石碑背面的历史资料记载，此处建筑原为兴隆庄车站站长住所和办公用房。在 20 世纪 30 年代中期，由侵华日军所建。这处站长住所和办公用房整体是近似日式风格，现存主房屋 3 间、配房各 2 间、小院 1 所，面积约为 150 平方米。

兴隆庄站现隶属中国铁路郑州局集团公司郑州车务段，是陇海铁路的一个四等车站。1912 年 9 月，北洋政府与比利时政府签订修建陇海铁路的借款合同，在汴洛铁路［汴京（开封）—洛阳］基础上向东西两个方向延伸修建，工程于 1913 年 5 月同时开工，此站建成后曾称兴隆站。1937 年，侵华日军将其改为兴隆庄火车站。侵华日军占领开封后，修复了站房主体建筑及票房、候车室的瓦顶，并在旁侧修建了站长住所、防空洞。兴隆庄火车站是目前陇海铁路沿线保存较完整的一座小型车站。它见证了陇海铁路车站的建造历史，是近现代重要史迹及代表性建筑。1983 年 3 月，陇海铁路的这座四等车站废弃成为仓库。兴隆

兴隆庄火车站建筑上的墙砖

兴隆庄车站前的陇海铁路电气化线路

庄火车站站房墙体及窗户采用青红砖搭配砌筑，风格独特，虽历经百余年岁月变迁，但车站总体风貌尚存。兴隆庄火车站见证了不同时期陇海铁路的发展、变迁，是一处保存较完整的铁路不可移动遗产，具有较高的历史价值和研究价值。为此，车站于2008年6月16日被河南省人民政府公布为第五批河南省重点文物保护单位。

6. 滇缅铁路禄丰炼象关桥隧群

在讲述滇缅铁路禄丰炼象关桥梁隧道遗址群前，先简要介绍一下中国这条未建成的滇缅铁路（中国昆明—缅甸腊戍）。筹划修建滇缅铁路一事在清朝末期和民国时期都曾有过多次动议。清末时期的云南士绅陈荣昌等筹组滇蜀铁路总公司并曾规划测勘通往缅甸的铁路线路。民国时期的交通部次长曾养甫和云南省主席龙云就曾筹商修建滇缅铁路，后经蒋介石同意，最终决定开工修建这条铁路。1938年11月，滇缅铁路开始勘测设计，1939年8月，开工建设。1941年6月，滇缅铁路工程局升格为交通部滇缅铁路督办公署。1942年初，滇缅铁路的路基全线竣工，部分路段已具备铺轨条件。1942年3月初，日军攻占缅甸仰光后，于4月8日又攻占缅甸掸邦首府腊戍，使修建滇缅铁路的大批筑路物资落入日军之手。1942年4月，日军攻入中国云南省西部，致使滇缅铁路工程严重受阻。1942年5月，日军攻陷缅甸以及中国云南的腾冲、龙陵等地，滇缅铁路被迫全线停工。同月12日国民政府下令炸毁滇缅铁路西段已建成的桥梁和路基以免被侵华日军所利用。抗战胜利后，滇缅铁路失去了作为国际战略通道的意义，铁路工程因此半途而废。原本指日可待的国际便捷铁路通道由此夭折。滇缅铁路当年建造的铁路路基、桥梁、隧道等，随着岁月的流逝和社会的发展，很大一部分已经被自然损毁或人为拆除，目前，仅剩屈指可数的几处遗址得以保存。

滇缅铁路禄丰炼象关桥梁隧道群遗址，位于云南省中部的楚雄彝族自治州所辖禄丰市金山镇炼象关一带的崇山峻岭中，地理坐标是东经25°02′53.8″，北纬102°09′11.0″。禄丰市境内自然风光优美，又有独特的史前古生物化石遗迹，还有黑井古镇、炼象关、滇西古驿道等历史文物。滇缅铁路保存的一段长6485米的铁路路基、5座桥梁和4座隧道遗址，这些桥梁隧道遗址曾是滇缅铁路施工难度最大的关键工程，也是滇缅铁路桥梁隧道最密集的路段。当年由中国著名铁路工程师，时任滇缅铁路第二总段总段长的龚继成主持修建。这里建有夕阳庵隧道、上箐隧道、下箐隧道、下箐大桥、下箐2号大桥、赵家村隧道、赵家

滇缅铁路田心大桥遗址近景

滇缅铁路田心大桥遗址远景

滇缅铁路下箐大桥桥墩遗址

村大桥、田心大桥、刘家村大桥。其中规模最大的是下箐大桥，为 6 墩 5 孔钢梁桥，总跨径约 99 米，最高的第 4 号桥墩高度约 24.7 米，该桥的钢梁已被拆除，但桥墩保存完好。其余如下箐 2 号大桥、赵家村大桥的钢梁均已被拆除，桥墩尚存。田心大桥、刘家村大桥工艺精湛，桥墩至今保存完好。在隧道遗址方面，除赵家村隧道的石壁及混凝土拱顶被拆除外，其余三座隧道两侧仍用石块支砌洞壁，隧道高为 1.8 米，隧道壁厚度 40 厘米。

中华人民共和国成立后，在原有滇缅铁路基础上进行了局部续建，昆明至平浪间的铁路投入运营。1971 年成昆铁路（成都—昆明）建成后，原来昆明至平浪间的窄轨铁路因运输能力过低而被拆除。

滇缅铁路西段（永德段）南定河桥墩遗址

滇缅铁路上箐隧道遗址

滇缅铁路西段（永德段）南定河桥墩遗址近景

滇缅铁路赵家村大桥桥墩遗址

2009年，云南省禄丰县（当时尚未撤县设市）文物管理所在第三次全国文物普查中发现了隐没在崇山峻岭中的滇缅铁路禄丰炼象关桥梁隧道遗址群。2013年，该桥梁隧道群遗址，被云南省楚雄州人民政府确定为楚雄州州级文物保护单位。2019年，滇缅铁路禄丰炼象关桥梁隧道群遗址被国务院核定公布为第八批全国重点文物保护单位。

第三章　铁路文物保护工作取得的成果

——铁路文物保护管理工作研究课题项目的开展

1.“铁路文物保护管理工作研究”课题项目的由来

2014年，中国铁路总公司（现中国国家铁路集团有限公司）在《关于开展铁路不可移动文物调查的通知》指出，“中国铁路已有130多年的发展历史，在一个多世纪的发展过程中，产生和形成了一大批历史文物，这些文物是铁路的宝贵财富。所以保护好、利用好这些文物史料，做好铁路文物保护管理工作，就是对历史负责，对人民负责。”

“铁路文物保护管理工作研究”项目的启动，是根据中国铁路总公司宣传部在2014年7月4日，发出的宣电〔2014〕14号传真电报，《关于开展铁路不可移动文物调查的通知》和2015年3月2日，印发的宣企函〔2015〕1号文件，《关于开展铁路可移动文物和具有保存价值历史实物调查工作的通知》，以及2015年

1月，中国铁路总公司印发的《铁路文物保护管理暂行办法》（铁总宣〔2015〕53号）两份文物调查文件和一部铁路部门规章，而在全国铁路系统进行的。这次开展的不可移动文物和可移动文物的调查，是中华人民共和国成立后，我国铁路系统首次开展的文物（包括铁路自身的文物和其他文物）调查工作，因此，具有重要意义。

鉴于中国铁道博物馆在抢救保护铁路文物中所发挥的作用，2015年初，该馆向中国铁路总公司的科技和信息化部、宣传部申请了“铁路文物保护管理工作研究”的课题项目。该课题作为“中国铁路总公司科技研究开发计划课题”（课题项目编号2015F031）之一而获得批准。

立项该课题主要有两个目的：一、摸清铁路系统文物和文物保护单位的家底；二、制定符合铁路实际情况的文物保护对策和措施。该课题项目在申请获批后，随即成立了由中国铁道博物馆、云南铁路博物馆、上海铁路博物馆、沈阳铁路陈列馆、胶济铁路陈列馆等单位共15人组成的课题组。当时我作为中国铁道博物馆文物藏品部门的负责人也是课题组成员，但我考虑到我已临近退休，不太可能全程参加两至三年的文物调研考察工作。因此，我两次主动提出退出课题组，并提议课题组应增加一些年轻人参加此工作，同时推荐了相关人选。最终课题组接受了我的意见和建议，同意我退出课题组并增加了我推荐的年轻人参加此项工作。

从2015年中至2017年末，通过历时两年多对中国铁路文物保护情况的调研、考察，初步摸清了铁路系统的不可移动文物和可移动文物的基本情况。我在前两部书中原打算向读者介绍这次课题的情况。由于《我讲述的铁路遗产故事》第一部和第二部成书时，该课题尚未全部结题，也没有形成完整的成果报告。所以，未能在第一部、第二部中加以介绍。现借本书出版之际，我把“铁路文物保护管理工作研究”课题项目的来龙去脉、有关过程、项目成果等工作做一个比较系统的介绍。

2. 铁路不可移动文物的调查

铁路不可移动遗产（文物）是指在一般情况下，不可以移动其地理位置的实物。具体包括线路、桥梁、隧道、站房、水塔、车库、转盘、煤台，厂房等种类。

2014 年下半年，按照铁路总公司主要领导提出的“明确总公司宣传部作为铁路文物保护工作的管理部门”的指示，中国铁路总公司宣传部成为中国铁路系统文物保护的最高管理部门。针对铁路系统的不可移动遗产，尤其是铁路管辖区域内各级重点文物保护单位的保护利用状况底数不清的情况，该部门在 2014 年 7 月，向全国铁路系统发出《关于开展铁路不可移动文物调查的通知》。

《通知》主要包括两部分。一、调查的主要内容，包括 4 大项：（1）各单位管内路产列入各级文物保护单位的不可移动文物；（2）个单位管内非路产中列入各级文物保护单位的不可移动文物；（3）路产和非路产不可移动文物的管理、保护、维修和使用情况；（4）对做好铁路文物保护工作的意见建议。二、调查的工作要求。要求各单位高度重视，制定周密的计划安排，组织开展深入细致的调查，同时要主动争取地方文物主管部门和专业机构的支持和帮助，确保调查内容不漏项，数据真实准确。要以此为契机，全面摸清铁路不可移动文物的底数，掌握文物保护的现状，建立和完善铁路文物资料库，研究并提出加强铁路文物保护的具体措施和意见建议。该《通知》最后强调，在认真调查的基础上，各单位要形成高质量的调查报告，并认真填报“铁路不可移动文物调查表”。由于这是中华人民共和国铁路系统首次开展铁路不可移动文物调查，一些铁路干部职工对什么是不可移动文物，并不十分了解。因此，要在调查表后附上填表说明。当年铁路总公司宣传部企业文化处找到我，让我帮助设计铁路不可移动文物调查表和编写填表说明。为此，我为这次调查设计的“铁路不可移动文物调查表”共有10项填报内容，包括文物名称、文物年代、文物所在地点、所在路局及站段、保护等级、维修及经费来源、路产在用、路产停用、非路产文物、保护现状。我编写的填表说明共6条:（1）填写文物名称、年代、所在地点、保护级别时，均应以文物所在地文物管理部门最新确认公布的信息为准;（2）年代是指文物形成的时间;（3）填写文物所在地点时，应注明所在省（自治区、直辖市）市、县、乡;（4）保护等级是指属于全国重点文物保护单位、省级重点文物保护单位、市县级文物保护单位;（5）路产、非路产是指文物的所有权属于铁路还是地方;（6）其他内容可另附说明。随后，各铁路单位据此开展了铁路不可移动文物调查工作。

通过这次调查，初步摸清了铁路系统不可移动文物的基本情况（以当时各个铁路局、集团公司上报的调查统计数据为准），即全国铁路范围内共有全国、省级、县市级文物保护单位共244处。有关这次铁路不可移动文物调查情况可见表3—1。

表 3—1 2014 年铁路系统不可移动遗产（文物）情况调查表

不可移动文物保护等级	清朝时期	民国时期	新中国时期	年代不详	总数（处）
全国重点文保单位	10	11	1	/	22
省级重点文保单位	38	21	2	/	61
市县级文保单位	62	81	16	2	161
合计	110	113	19	2	244

3. 铁路可移动文物的调查

铁路可移动遗产（文物）相对于不可移动遗产而言，是指在一般情况下，可以移动（搬、挪）其所处位置的实物。具体是指存放于收藏展示场所中或散落于社会流通领域中的各种材质、功用的铁路实物。并按其质地、形成时间和功用划分三大类别。

2015 年全国铁路开展的“可移动文物和具有保存价值历史实物调查工作”的大致情况是，这年 3 月初，中国铁路总公司宣传部向全国铁路印发了《关于开展铁路可移动文物和具有保存价值历史实物调查工作的通知》。随即，各铁路局（集团公司）按该《通知》的要求启动了相关调查工作。经过近三个多月的排查摸底，各铁路局（集团公司）把可移动文物调查情况汇总后上报中国铁路总公司宣传部。

根据这些单位汇总上报的调查内容，我们对调查登记的铁路可移动文物数据作了技术分析和综合统计，现将技术分析、综合统计后有关情况汇总如下。

1. 调查的结果

此次调查，是中华人民共和国成立以来，铁路系统首次进行的铁路文化遗产资源情况调查，是铁路文物保护管理的一项重要基础工作，意义重大。通过调查，初步摸清了铁路系统可移动文物和具有保存价值历史实物的基本家底。

根据这次调查登记情况，全国铁路现有各种馆藏和散落的铁路可移动文物和具有保存价值历史实物共计 33978 件［因个别铁路文博场馆（含站段史馆）在调查登记时对其收藏的可移动文物和具有保存价值铁路实物有所保留，未如实填报文物（实物）数量。因此，实际数量应该多于此数字］。另外，从 2015 年开展的调查至现在（2021 年）已过去 6 年的时间，这期间铁路系统的可移动文物和具有保存价值铁路实物，肯定会有所变动（增加或减少），总数量已远不止 33978 件。

有关这次铁路可移动文物调查情况可见表 3—2 内容。

表 3—2　铁路可移动文物和具有保存价值铁路实物调查表

按照文（实）物年代划分	按照文（实）物质地划分	经过等级鉴定的文物
清朝时期 801 件 民国时期 10564 件 中华人民共和国时期 20446 件 年代不详 2176 件	纸质类 26101 件 金属类 3653 件 竹木类 472 件 砖石类 79 件 织物类 556 件 橡胶类 31 件 皮骨类 42 件	一级文物 57 件套 二级文物 55 件套 三级文物 130 件套

续上表

按照文（实）物 年代划分	按照文（实）物 质地划分	经过等级鉴定 的文物
	塑料类 606 件 玻璃类 126 件 陶瓷类 281 件 照片类 1536 件 胶片类 3 件 混合类 324 件 其他 168 件	
计 33978 件	计 33978 件	等级文物计 242 件套
说明：本调查表统计的数据截至 2015 年开展铁路可移动文物和具有保存价值铁路实物调查时止		

2. 调查中发现的问题

（1）可移动文（实）物确有灭失、损坏、流散的现象。由于某些铁路局和站段在历史上曾发生多次变动以及疏于管理等原因，导致一些铁路可移动文物和具有保存价值铁路实物灭失和流散。还有些纸质类文（实）物因保管不善，有不同程度的蛀蚀、霉斑、水渍等情况。

（2）由于对铁路文物知识宣传、普及不够深入，仍有部分干部职工，缺乏对铁路文物的保护意识。在铁路总公司印发《铁路文物保护管理暂行办法》前，铁路系统的文物工作几乎处于无牵头部门管理的状况。涉及铁路文物保护管理方面的事项，缺乏可遵循的规范性依据。因此，组织开展的这次铁路可移动文物和具有保存价值历史实物的调查，和 2014 年开展的铁路不可移动文物调查，以及制定《铁路文物保护管理暂行办法》等举措，都非常必要、及时。

（3）与地方文物管理部门沟通不够。一些铁路文博场馆，对文物博物馆的属地管理原则尚不清楚，在铁路文物的判别认定、鉴定定级、建档立账、保管措施等文物规范管理方面，得不到地方文物部门的指导。由于缺少与地方文物管理部门的交流与沟通，造成地方文物部门对铁路行业文博场所监管的缺失。

我当时对调查中发现的问题提出了几点建议：①应该以多种形式加大《中华人民共和国文物保护法》《博物馆条例》《铁路文物保护管理暂行办法》等法律法规和部门规章的宣传力度，增强铁路干部职工依法保护文物的观念。②把铁路文物保护管理工作，列入铁路企业文化建设议事日程，并作为干部职工年度考核内容。③应加大对铁路文物保护经费的投入，以保障铁路可移动文物得到及时养护。④加强铁路文物保护管理专业队伍的建设，逐步培养一支具有专业知识、理论水平、实践经验的文物保护管理队伍。⑤注意加强与地方文物部门的联系与沟通，力争得到地方文物部门的业务指导。

由于铁路文物保护管理工作属于资源依托型的工作，摸清铁路文化遗产资源的数量、分布、保存状况等情况，是决定铁路文物工作需求和发展的刚性依据。因此，这次调查对于准确掌握和科学评价铁路文物资源状况至关重要，也为铁路系统做好自身文物保护管理工作提供了参考依据。

通过调查，铁路系统各单位加大了对铁路可移动文物和具有保存价值历史实物的重视程度，明确了各级管理职责。这些措施有助于改善铁路文物保存状况、提高铁路文物保护管理水平、促进了铁路文物保护工作在传承、利用上的互动关系和可持续发展。

4. 铁路可移动文物调研后形成的成果

在全部完成铁路可移动文物调研和数据汇总后，“铁路文物保护管理工作研究”课题组编辑了《中国铁路可移动文物和具有保存价值铁路实物图册》（以下称《图册》），由中国铁道出版社在2018年1月出版。该《图册》作为“铁路文物保护管理工作研究”课题的工作成果之一，展示了中国铁路系统收藏保存的铁路可移动文物的基本情况。《图册》中的铁路可移动文物和具有保存价值铁路实物，主要是依托中国铁道博物馆、云南铁路博物馆、上海铁路博物馆、海南铁路博物馆、沈阳铁路陈列馆、武汉二七纪念馆等铁路文博场馆，以及北京、太原、西安、兰州、乌鲁木齐、呼和浩特、南宁、青藏等铁路局集团公司等单位提供的实物照片编辑而成。该《图册》记载的实物，仅仅是中国铁路部分文博场馆（所）和部分铁路局集团公司收藏展示的铁路可移动文物和具有保存价值铁路实物的一个缩影。尤其是那些已经确定了各种等级的文物更是弥足珍贵。

课题形成的成果之一《中国铁路可移动文物和有保存价值实物图册》

该《图册》将调查后的铁路可移动文物和具有保存价值铁路实物，归纳为 8 个类别板块，即机车车辆类、工务工具类、通信信号类、铭牌标识类、服饰印章类、票证债券类、文献资料类、铁路综合类。不过这样的分类与中国铁路总公司宣传部向全国铁路印发的《关于开展铁路可移动文物和具有保存价值历史实物调查工作的通知》（宣企函〔2015〕1 号）附件 1 中的“铁路可移动文物和具有保存价值历史实物参考要目”的 19 大项分类存在不小差别。当年我受中国铁路总公司宣传部之邀，为《关于开展铁路可移动文物和具有保存价值历史实物调查工作的通知》提供了作为该《通知》附件 1 的“铁路可移动文物和具有保存价值历史实物参考要目”。这一要目中的第 19 类即“其他”类，并说明暂时无法归入前 18 类的实物，可归入其他类。其中有些实物的分类或欠妥当。如：（1）同样是铁路客票箱柜，有的被放在“工务工具”类里（见《图册》第 64 页），有的被放在“铁路综合类”里（见《图册》第 291 页），显得比较混乱。（2）“川汉铁路开工牌”具有明显的标牌特征，理应归入“铭牌标识类”，但却被放在了“铁路综合类”中（见《图册》第 272 页）。（3）“法国制造的滇越铁路 25 公斤 / 米钢枕”，这种明显具有铁路工务特性的实物，却被放在了“铁路综合类”里（见《图册》第 281 页）。还有其他一些实物的归类，也不甚科学合理，限于本书篇幅，就不一一列举。指出该《图册》中对铁路可移动文物分类的瑕疵，并非刻意挑剔，而是希望把分类作做得更精细、更科学。该《图册》作为“铁路文物保护管理工作课题研究”成果之一能够编辑出版，是一件可喜可贺的事，可以说是瑕不掩瑜。

另外，“铁路文物保护管理工作研究”课题组一位成员，在2020年2月，整理撰写了一篇标题为“铁路文化遗产现状与保护对策研究”的文章，该文章对铁路遗产调查情况、铁路遗产现状、存在的问题、提出的建议与对策等方面做了介绍和论述。其中，文章中引述的事实和数据，有部分来自于“铁路文物保护管理工作研究”课题实地调查工作的总结，因此，这篇研究文章也可称为“铁路文物保护管理工作研究”课题的工作成果之一。

总之，“铁路文物保护管理工作课题研究”的开展，总体上是成功的，收获是丰富的。这项工作对部分铁路职工和铁路系统的文博工作者，也是一次很好、很及时的锻炼机会。经过课题研究团队的不懈努力，课题调研取得了较好的工作成果。该课题研究的开展，也摸清了铁路系统不可移动文物和可移动文物的基本情况。由此形成的可以量化的基础数据，为今后国家有关部门制定工业遗产、铁路遗产保护利用的政策规范，提供了重要的参考依据。

5. 铁路系统注重文物保护和出台《铁路文物保护管理暂行办法》的背景

铁路不可移动文物成为国家重要文化遗产和全国重点文物保护单位始于2001年。这年6月，国务院核定公布第五批全国重点文物保护单位名录中首次出现了铁路不可移动文物的名字，即汉口大智门车站和武汉詹天佑故居。此后，铁路不可移动文物受

位于重庆市南岸区黄桷垭的于右任官邸旧址修复前的状态

位于重庆市南岸区黄桷垭的于右任官邸旧址修复中的状态

国家保护的种类和数量逐渐增多。2006年5月，国务院核定公布第六批全国重点文物保护单位名录，铁路不可移动文物增加了5处，即鸭绿江断桥、中东铁路建筑群、钱塘江大桥、五家寨铁路桥（人字桥）、鸡街车站。2013年5月，国务院核定公布第七批全国重点文物保护单位名录，铁路不可移动文物进一步增加到15处。到2019年9月，国务院核定公布第八批全国重点文物保护单位时，全国重点文物保护单位名录中的铁路文化遗产数量已经达到28处。社会各界、新闻媒体等对铁路不可移动文物给予了很多关注，同时，也对铁路系统内有些不可移动文物保护状况不佳提出批评。

现在把时间拉回到2014年。这年9月，中国铁路总公司领导分别对呈报给他的关于成都铁路局管内的于右任故居，哈尔滨铁路局、沈阳铁路局管内的中东铁路建筑群，北京铁路局管内的张家口车站等若干处历史建筑的保护问题的报告作了重要批示，要求铁路总公司宣传部查清情况、提出意见。随后，中国铁路总公司宣传部立即着手对这几处历史建筑的保护情况进行了调查，调查后及时以《关于加强铁路文物保护工作的请示》的签报向领导进行了汇报。该请示中除汇报领导批示中涉及的历史建筑的调查情况外，还介绍了当时铁路文物保护状况并提出了加强铁路文物保护工作的建议。领导在该请示签报上做了“同意，明确总公司宣传部作为铁路文物保护工作的管理部门，牵头组织落实。”的批示。批示后，中国铁路总公司宣传部主要领导要求认真学习领会批示精神，肩负起牵头的责任，并着手逐一落实批示意见。

中东铁路建筑群之一横道河子旧机车库和机车转盘

张家口北站老站房局部

此后，中国铁路总公司宣传部针对铁路系统文物保护管理现状，推出系列举措。首先，在全国铁路范围内开展不可移动文物调查。其次，又在铁路系统进行了铁路可移动文物调查工作。再次，着手《铁路文物保护管理暂行办法》（以下称《暂行办法》）的起草、制定工作。经过反复修改，几易其稿，最终在 2015 年

1月23日正式向全国铁路系统印发。该《暂行办法》分为总则、范畴和种类、管理职责、保护与管理、附则五章共三十条。《暂行办法》为铁路系统加强和规范文物保护工作，提供了政策遵循，明确了保护种类、适用范围、主体责任等。《暂行办法》的出台，对铁路系统文物保护工作具有重要指导意义。该《暂行办法》的制定，是中国铁路总公司贯彻习近平总书记关于传承中华优秀传统文化和加强文物保护重要指示精神的具体体现，也是中国铁路总公司党组重视铁路文化建设和铁路文物保护工作的具体体现。

中国铁道博物馆作为铁路系统主要文博单位，充分发挥专业优势，协助铁路总公司宣传部在进行不可移动文物和可移动文物调查、起草《铁路文物保护管理暂行办法》和调研考察等方面做了大量工作，得到中国铁路总公司宣传部门的充分肯定。

第四章　它们是中缅“胞波”情谊的见证者

——缅甸联邦赠送中国政府的机车车辆

1. 缅甸向中国回赠机车车辆的缘由

缅甸和中国是山水相连的友好邻邦，两国世代比邻而居，两国人民自古相亲相融，“胞波”情谊源远流长。缅甸的交通以水运为主，铁路多为窄轨线路。海运比较发达，主要港口有仰光港、勃生港和毛淡棉港，其中仰光港是缅甸最大的港口。

中国政府为了帮助缅甸铁路改善运输能力，分别在 2006 年 4 月和 2009 年 8 月向缅甸铁路赠送了米轨机车车辆。其中 2006 年 9 月下旬，赠送的是 130 辆米轨客车，用以缓解缅甸铁路客运能不足的状况。这 130 辆米轨客车在缅甸铁路仰光至曼德勒间投入干线运营后，为缅甸人民的出行、旅游提供了有力的支持，对改善缅甸铁路运输发挥了很大的作用。

缅甸政府为答谢中国政府赠送缅甸铁路部门一批窄轨机车车

辆，特向中国政府铁道部回赠了2台产于19世纪的米轨蒸汽机车及2辆木制米轨客车。并于2006年9月19日，在缅甸仰光车站举行了向中国回赠窄轨机车车辆仪式。缅甸铁道部长昂敏将军在回赠仪式上说，中国政府把130辆米轨客车作为友好礼物赠送缅甸，是两国友好关系不断发展的见证和成果。这些客车经过改装后已投入铁路运营，有效地改善了缅甸的铁路运输。当时担任中国昆明铁路局局长裘芝鹏表示，昆明铁路局愿同缅甸铁路一道致力于深化合作，互利共赢。在回赠窄轨机车车辆仪式上，时任昆明铁路局局长裘芝鹏与缅甸铁路董事长吴敏崔，分别代表中国铁道部和缅甸铁道部在机车车辆的交接文件上签字。随后，这批共2台蒸汽机车和2辆客车车厢，先经缅甸铁路再经公路运输至中缅边境，于11月16日在中国云南姐告口岸正式移交中国

缅甸联邦政府赠送中国的窄轨机车车辆停放在仰光车站的回赠仪式上

方面。随即，昆明铁路局安排4辆大型载重卡车经昆瑞公路（昆明—瑞丽）在11月22日晚将缅甸政府回赠的机车车辆顺利运抵昆明。

在此之后，中国政府于2009年8月，再次向缅甸铁路赠送了一批米轨机车车辆。包括5台米轨东方红21型内燃机车、20辆米轨客车、200辆米轨货车。随着中缅两国铁路的不断发展及泛亚铁路的建设，两国铁路部门之间的合作也在不断加强和发展。这批中方赠送的铁路机车车辆投入运营后，增强了缅甸铁路的运输能力，改善了缅甸铁路运力紧张的状况。

随着“一带一路”在中国周边国家和地区的深入推进，中缅两国铁路部门之间的交流与合作，也进一步得到加强与发展。目前缅甸国家铁路总里程达到6 942千米。

中国在接受缅甸政府回赠窄轨机车车辆后，铁道部决定把机车车辆分别分配给中国铁道博物馆和云南铁路博物馆各1台机车和1辆客车予以收藏展示。

已经运抵中国铁道博物馆的缅甸窄轨机车（卸车后尚未安装前端车钩）

已经运抵中国铁道博物馆的缅甸窄轨客车准备送入博物馆展厅

2. ST 型 759 号米轨蒸汽机车简介

ST 型 759 号米轨蒸汽机车制造于 19 世纪的英国，由罗伯特·斯蒂芬森和霍索恩公司（Robert Stepheson&Hawthorn Co.Ltd. 简写为 RSH）制造（罗伯特·斯蒂芬森和霍索恩公司在 20 世纪 60 年代末期被英国通用电气公司购并）。这型机车是一种轨距 1 米的侧水柜式蒸汽机车，机车长度 11 米，宽度 2.57 米，高度 3.35 米，机车轮式为 2-6-4T，机车空重 42 吨。机车动轮轮对上设有经典的阀动装置和“Z”形联杆，储煤斗也比较小 / 储煤量不多，适合短距离铁路运输。该机车也不像其他蒸汽机车在车顶设有汽包、沙包以及撒沙管，该机车只有汽包。机车制造出厂后，于 1948 年在缅甸铁路投入使用。这种窄轨蒸汽机车的烟囱、车钩、鞲鞴机构、前照灯等在设计上与中国铁路使用的大多数外国制造的准轨蒸汽机车有一定的区别。例如机车烟囱多为短粗形状；车钩是手动式带有丝杠的鹰嘴钩；没有设置圆形弹簧式缓冲器。因此，机车的某些装置设计比较特殊，具有一定的收藏价值。这两台机车车辆的收藏展出，是中华人民共和国和缅甸联邦之间友好交往的重要见证，也为中国铁道博物馆机车车辆展厅增加了新的看点。

缅甸 ST 型窄轨机车轮对上经典的阀动装置和“Z”形联杆

专业人员正在安装已送入博物馆展厅的缅甸窄轨机车前端车钩

已安装好前端排障器和车钩的缅甸窄轨机车在博物馆展厅中正式展陈

3. BTS 型 001 号米轨铁路客车简介

BTS 型 001 号米轨客车由德国制造，1966 年进入缅甸铁路运营，2006 年 7 月退役，曾作为缅甸联邦铁路旅客列车服役了 40 年。客车厢体大部分为木制结构，且未喷涂颜色油漆，只是喷涂了清漆以便保持木材的本色。这与缅甸气候炎热，常年高温多雨的天气有关。这辆客车的车架是钢结构，车顶使用波形铁覆盖，波形车顶的设计不仅可以快速排水，而且隔热效果也比较理想。这辆木制结构的米轨客车在车钩、车窗、座椅等方面也颇具特点。车钩与窄轨机车的车钩一样，也是手动带有丝杠的鹰嘴车钩。客车两端设有推拉式端门，两端门前是通过台。车厢内部的地板、墙板、百叶窗均为木制。车内设置有 10 组双人座椅和 4 组单人座椅，这些座椅也全是木制的，并且可以随列车运行方向调整座椅的方向，可以避免部分旅客倒着乘车而产生的不适感。由于这辆客车的特点明显，有一定的历史和科学价值，因此，在 2013 年中国铁道博物馆馆藏文物等级鉴定中，被确定为国家二级文物。

缅甸窄轨客车内的木制箱板和座椅及电风扇

已在中国铁道博物馆展出的缅甸窄轨客车

现陈列在中国铁道博物馆中的这两台辆窄轨机车和车辆，正默默地向人们诉说着中缅两国铁路交流与合作的成果和中缅两国人民的“胞波”情谊。

第五章　向阳店、上兰村站铁路遗产的故事

——亲赴这两地调研铁路文化遗产

1. 前往向阳店站查看铁路遗产

2006年6月，我们与太原铁路局（现中国铁路太原局集团有限公司）史志办公室的负责同志一起前往该局所属的向阳店站和上兰村站调研铁路遗产。我们乘汽车从太原市区出发，由于距离较近，不久便抵达了向阳店站，随即仔细查看该站及附近的铁路遗产。

向阳店站外貌

向阳店站是太兰铁路（太原—上兰村）的一座三等货运站，建于1936年，站址设在山西省太原市向阳镇。车站由站房、信号楼、行车运转室等组成。该站距太原站19千米，距上兰村站6千米，是由太原

北站管辖的一座小站。这座车站虽小，但它的作用可不小，承担着大唐太原第二热电厂等 8 条专用铁路的煤炭运输和装卸车工作。向阳店历史悠久，文化底蕴深厚，在清末曾是晋西北重镇。向阳店因地处晋西北的南北古官道之要冲，是晋、陕两省商人出西口的中转站，又是晋西北八县赴省城太原的必经之地，地理位置重要，交通发达，便形成了一个物资交流集散中心，所以有名。当年它与阳曲县的北小店、南小店并称晋西北的小“三店”，在晋商文化的历史长河中有着举足轻重的作用。每逢农历的三、六、九日，晋北各地骡马商贩、粮贩便汇集于此，成为当时骡马等交通工具和粮食的集散地。当地至今流传着一句话：“驮不完的西八县，填不满的向阳店。”现在当地仍保留着赶庙会的传统习俗，每逢农历三月二十八日和九月十六日为庙会日，庙会期间，各种农用器具，日用百货、各种小吃琳琅满目。方圆数十里的人们来赶庙会，人们看大戏、品小吃、购物品，庙会里川流不息的人群，抑扬顿挫的叫卖声，人们喜闻乐见的山西梆子此起彼伏，展现了商业重镇的一派繁华景象。

向阳店车站线路上停放的老式铁路客车

向阳店站地处太原市北郊区，担负着接发从阳方口站、岚县站、岢岚站等 8 个车站开来的煤炭列车的任务以及承担向大唐太原第二热电厂、中铁物资太原轨枕有限公司等企业的运输任务。我们查看了向阳店站的站房、运转室、线路上停放的老式客车、水鹤等。查看中我发现停放在线路上的这组客车，无论样式、结构都与国铁所用客车有区别，客车转向架为弓板式，车门内还有手制动闸把，车厢内是木制座椅，看上去很有怀旧感。

老式客车内的木制座椅和行李架

老式客车车厢两端外侧的圆形手制动转盘

老式铁路客车的弓板式转向架

老式铁路客车的转向架

向阳店站内保留的为蒸汽机车加水的水鹤

2. 在上兰村站了解铁路遗产情况

离开向阳店站后，我们又前往太兰铁路（太原—上兰村）的上兰村站。该站在山西省太原市尖草坪区上兰街道上兰村。车站建于1936年，距太原站25千米，曾是太原铁路局所属的四等车站，主站房建筑为人字形尖顶，旁边是辅助用房。这条铺设在太原至上兰村之间的铁路全长仅25千米，但它却承担着太原钢铁厂、太原二电厂、太原铁路轨枕厂、太原造纸厂以及附近的多家国防军工企业的原材料及产品的运输任务。

太原铁路局曾在上兰铁路开行7211/7212次和7213/7214次四趟普通市郊旅客慢车，便利铁路沿线人们出行。这趟列车从太原站始发后经太原东站、太原北站、汾河站、向阳店站后抵达上兰

上兰村站外貌

太原至上兰村普客列车上的方向牌

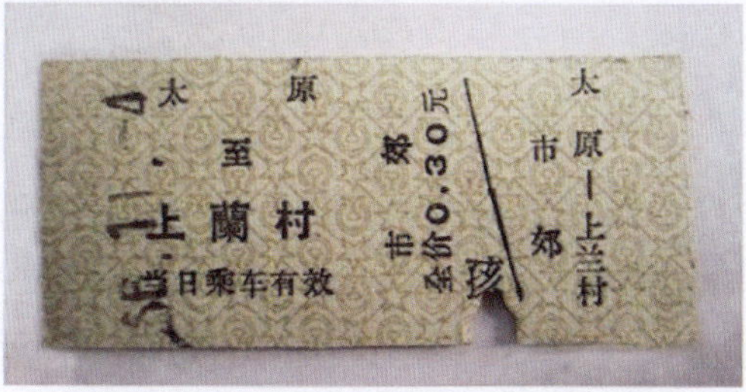

太原至上兰村的铁路客车全价车票仅 0.30 元

村站。由于是市郊慢车，所以全程运行时间近1个小时，票价为3角钱。

太兰铁路这趟市郊旅客慢车，每天早晚由机车牵引着几节旅客车厢在太原与上兰村之间往返运行，这趟列车为铁路沿线上班、上学、探亲、购物、就医的人们提供了极大的便利。

太兰铁路是1936年阎锡山主政山西时修建的，初建时是窄轨铁路。修建铁路的起因，是缘于附近的二龙山下、烈石泉旁是阎锡山时期的晋军高级干部的别墅区。此处依山傍水，清凉宜居，是消夏避暑的好地方。所以修建铁路方便晋军领导前来此处休息。还有一个原因是，从烈石口的汾河溯流而上，河两侧是悬崖绝壁，地形险要。精于盘算的阎锡山为储存武器弹药，在山底开凿了许多山洞用于储存武器。此外，阎锡山创办的西北造纸厂也设在这里。无论是晋军干部别墅，还是晋军存贮武器弹药的山洞都离不开铁路运输。所以阎锡山修建了上兰铁路，

经过中北大学的太兰铁路线路

始建于 1941 年的中北大学

但这条铁路尚未铺设完毕，阎锡山就撤至临汾避难，铁路被迫停工。中华人民共和国成立后，铁路部门把那条没有修建完成的上兰窄轨铁路，拓宽为标准轨距铁路并完善了沿线运输设施，还为周边企业增设了专用线，上兰村站迎来了新生。上兰村站在 2013 年停运，从此退出铁路运输的舞台。保留下的站房现已成为太原市一个承载历史记忆的地标建筑。将市郊旅客列车的终点站设在一个名不见经传的村庄，因此在全国铁路示意图上标出“上兰村”，这在全国也是少有的。一些铁路车站在建成后的几十年中发挥着无可替代的运输功能，在其消逝后却承载了人们太多的记忆。上兰村站退出铁路运输舞台后，保留的站舍和相关设施成为承载历史记忆的地标。

3. 中北大学及校园里的铁路主题公园

紧邻上兰村站是全国唯一一所学校里有铁路和车站的大学——中北大学。它的前身是华北工学院，现在是一所由山西省人民政府与国防科工局共建，山西省人民政府管理的多学科教学科研型大学。

这所学校原是1941年八路军总司令部在太行抗日根据地创办的我党我军第一所兵工学校——太行工业学校，被誉为“人民兵工第一校”。1949年学校迁入现址，更名为华北兵工职业学校，后又改名为华北兵工工业学校、太原机械制造工业学校，1958年升格为太原机械学院。后经国务院和中央军委批准，1961年北京工业学院（现北京理工大学）4个专业的教师、学生、实验设备、

历史照片：中北大学的前身太原机械学院

图书资料全部迁入该校。1962年沈阳工学院两个专业也相继迁入该校，使学校规模和整体办学水平得到了充实和提高。1963年该校划归国防科委直接领导，成为当时的国防工业8大本科院校之一。1971年划归第五机械工业部管理，同年7月，奉学校军管会命令学校停办。党的十一届三中全会以后，学校得到恢复和快速发展。1993年更名为华北工学院，隶属于兵器工业总公司。1999年，随着高校管理体制改革的推进，该校成为由国防科工委与山西省人民政府共建、以地方管理为主的高校，标志着该校进入了一个新的发展阶段。2004年6月，经教育部批准，学校更名为中北大学。

学校位于中国历史文化名城——山西省太原市郊，并在朔州市设有校区。这所学校拥有雄厚的师资力量，完善的教学、科研设备和公共服务体系。校园占地2 995亩，建筑面积123万平方米。中北大学是一所具有光荣历史的高等院校，历经了抗日战争和解放战争的战斗洗礼，几经变迁，饱经沧桑。2001年在学校60周年校庆时，薄一波同志为学校题词“人民兵工第一校”。

由于中北大学紧邻上兰村站，学校有充分利于铁路遗产的优势。因此，他们在2018年8月，在校园建起了一座铁路主题公园。主题公园的南端，有一排保持着原样的铁路站房，面南背北，东头最高尖顶的行车室屋檐下镌刻着“上兰村站”四个字，其中的“兰”字是繁体字，向西依次是候车室、行李托运室。在原有的三条铁路线上的东侧，一条线路上停放着3节由硬座、硬卧、软卧连挂在一起的绿皮车厢，另一条线路上停放着10节连挂起来的双层硬座车，并在其一侧新搭建了便于人们进入的悬空木制站台。

上兰村站是幸运的，作为铁路不可移动遗产，在它退役后，并没有被拆除，而是在人们的眷顾下，在保留了站房等设施的同时，又以铁路主题公园的形式得以传承。对铁路遗产感兴趣的人，不妨到上兰村的站台和轨道上走一走，看一看，体会一下在铁路站场怀旧的感受。

第六章　MG 35 号蒸汽机车的未解之谜

——这台机车的诸多疑团有待破解

1. 写在前面的话

在中国铁道博物馆机车车辆展厅北半部的蒸汽机车阵列中，有一台型号为 MG 型 35 号的蒸汽机车。如果仅从外观上看，这台机车没有什么特别之处。可真正懂行的人，不仅看机车的外表，还会看机车的驾驶室。从驾驶室的机车操纵装置来看，它与别的蒸汽机车确实有些不同。它的操纵装置如大闸、小闸、回动机手柄等设在驾驶室的右侧，很明显是右侧操纵的机车。而大部分蒸汽机车的操纵装置一般设在驾驶室左侧，类似于采用车辆左行制国家的汽车均为右舵驾驶方式，如英国、澳大利亚、新西兰等。现在全世界已有超过 160 多个国家的道路实行右行制，其汽车也采用左舵驾驶方式。这台机车除了驾驶室内操纵装置在右侧外，机车煤水车的铸铁轴箱盖上铸有 C.G.R. 三个字母。从这 3 个字母推测，或许是某条铁路的缩写，如津浦铁路的缩写是 T.P.R，南满铁路的缩写是 S.M.R，沪杭甬铁路的缩写是 S.H.N.R

等。遗憾的是直至本书出版时，都没有查到 C.G.R 是哪条铁路的缩写。

在中国铁道博物馆展厅北区蒸汽机车阵列中的 MG 型 35 号机车（红圈处）

MG 型 35 号机车煤水车铸铁轴箱盖上的字母 C.G.R.

除上述指出的两点外，这台机车尚有一些未解之谜有待揭开，如制造国家、制造厂商、制造年代，曾在哪些地区、哪条铁路使用等均是未知数。为此，我们作为铁路文化遗产的工作者、研究者，有责任把这些未知数求证出结果。虽然我们身处现代社会，但仍然需要具有复活历史的想象力，从文献资料中搜寻那些淹没在历史长河中的点滴线索。

旧中国铁路使用的标准轨距的 MG 型蒸汽机车型号曾多达 11 种，在这些机车中，即使是同一型号的 MG 型机车，也有某些差别，实际上中国铁路使用的 MG 型机车远不止 11 种。此外还有 3 种窄轨 MG 型蒸汽机车。经过逐年的淘汰更新，截止到 1975 年初，仍在使用的 MG 型蒸汽机车还有 6 种。旧中国铁路使用的 MG 型机车分别由美国、英国、德国、法国、中国制造（组装）。

中华人民共和国成立后，中国铁路对旧中国留下的型号众多且繁杂的蒸汽机车型号进行过 4 次调整变更。第一次是 1950 年 7 月；第二次是 1959 年 9 月；第三次是 1966 年 9 月；第四次是 1971 年 7 月。经过这 4 次机车型名调整变更，基本上解决了中国铁路所用的蒸汽机车型名繁杂混乱的状况。并且与国际上通常采用的怀特（Whyte）式蒸汽机车分类法接轨，即按照蒸汽机车车轮数量和车轮排列方式的分类，统一了中国蒸汽机车的型号、名称。怀特式机车分类法简单、直观，用三组阿拉伯数字，分别代表机车的导轮、动轮、从轮，一看车轮的数量和排列方式，便知道蒸汽机车的型号。例如 MG 型机车按怀特分类法轮对的排列式是 2-6-0，即 2 个导轮，6 个动轮，0 个从轮。只要符合这个轮对数量和排列方式的机车，一定是摩格尔（Mogul）型机车。如果是水柜式的蒸汽机车，按照怀特式机车分类法，在轮对排列式后增加 1 个大写字母 T 或小写字母 t 即可，如草原式（Prairie）水柜蒸汽机车，它的轮对排列式即为 2-6-2T。

2. 查阅文献资料求证这台机车的来历

这台机车除了煤水车的铸铁轴箱盖上铸有 C.G.R. 三个字母外，没有其他能证明该机车制造厂商或制造年代的标记。所以，只能从现有文献资料中寻找它身世的线索。国内有关旧中国铁路所使用和制造或组装 MG 型蒸汽机车并带有图照的参考资料并不多。为了搞清楚 MG 型 35 号机车的制造国家、制造厂商、制造年代等情况，我查阅了中华人民共和国成立后编印的有关中国铁路机车制造和使用情况并配有照片或图纸的文献资料。

据《跨世纪的历程——唐山机车车辆厂大事记（1881 ~ 1994）》，唐山机厂[1]成立之初，是以修理铁路客货车辆为主，兼造铁路客货车辆。该厂从 1900 年开始制造摩格尔（Mogul）型蒸汽机车（当时称莫古儿式机车）。此后，制造的蒸汽机车逐年增多，到 1916 年，已经达到年制造或组装蒸汽机车 15 台的能力。这段记载这也印证了《机车博览》和《蒸汽机车世纪集影》两部书中，关于 MG4 机车的制造厂为唐山机车厂，制造年代是在 1919 至 1920 年的说法。

铁道部机车车辆局于 1966 年编印的《机车车型图》共收录了 47 种机车，其中蒸汽机车 41 种、内燃机车 4 种、电力机车 2 种。涉及旧中国遗留的蒸汽机车有 27 种型号，其中并没有任何一款 MG 型机车。

北京铁路局于 1992 年编印的《机车博览》虽然是非正式出版物，但其信息量却很丰富。该图册记载了中国铁路使用的蒸汽、内燃、电力三种机车共有 106 种。其中蒸汽机车有 77 种，包括旧中国铁路遗留的旧机车 70 种，这 70 种蒸汽机车中有 MG 型机车 13 种。我看到在该图册第 30 页有一款标注为机型 MG4

① 历史上该厂名称曾多次变化，先后称胥各庄修车厂、开平铁路公司唐山修车厂、北洋官铁路局胥各庄机厂、京奉铁路唐山制造厂、唐山机厂、军委铁道部唐山铁路工厂、唐山机车厂、唐山机车车辆工厂、中车唐山机车车辆有限公司。

的机车，并这样记载这款机车“机型 MG4，曾用名ㄇㄍ 4（ㄇㄍ是汉字注音符号，汉语拼音为 m、g，读莫哥）、モガシ（日文假名），制造年代：1919 ~ 1920，原配属：北宁，车轴排列 1-3-0”等信息。

历史照片：中国唐山机厂组装的 MG4 型机车与 MG 型 35 号机车高度近似

中国铁道出版社于 1998 年出版的《蒸汽机车概览》中没有专门记载 MG 型蒸汽机车的内容。

中国铁道出版社于 2001 年出版的《蒸汽机车世纪集影》中对旧中国铁路使用的机车是按照机车制造国家来排序的，如英国、美国、日本、德国、法国、比利时、捷克、瑞士、波兰、中国等。该书有一章是专门介绍旧中国铁路机车车辆厂用进口零部件组装的蒸汽机车。按该书的描述，旧中国铁路工厂利用外国零部件在国内组装蒸汽机车始于 1900 年。这些机车组装厂主要指唐山机厂、青岛四方工厂、大连沙河口工场等。这一章介绍的一款 MG_4 型机车的外形和结构，与中国铁道博物馆收藏的 MG 型 35 号机车最为接近。该书对这一机车的表述是：“唐山机厂于 1919 ~ 1920 年间组装生产的一种机车及煤水车，总重 98.20 吨，机车全长 17421 毫米，车轴排列为 1-3-0 式。原北宁铁路有 4 台这种机车。1951 年改为ㄇㄍ 4 型，1975 年停用。”由此看来，《机车博览》和《蒸汽机车世纪集影》这两份资料中对 MG_4 型机车的描述基本一致，两部书使用的也是同一幅机车照片。因此，我们可参照这两部资料关于 MG_4 型机车的描述，来分析和解读 MG 型 35 号机车的来历。

中国铁道出版社于 2017 年 11 月出版的《德国蒸汽机车在中国》。该书介绍了 1892 年至 1985 年中国铁路使用的德国制造的蒸汽机车。其中有德国的 16 家机车制造厂，其中有 12 家机车制造厂曾为中国铁路提供过蒸汽机车。这部书配有大量历史照片和图纸，是研究旧中国铁路使用蒸汽机车的重要参考资料。我仔细看过该书后，发现该书第 9 部分，“照片和图纸中”提到德国柏林机械制造公司，“厂家提供的图片”一节中，有一幅该公司为津浦铁路（天津—浦口）制造的摩格尔（Mogul）型机车，与 MG 型 35 号机车有相似之处。

根据 MG 型 35 号机车的外形及结构特点，我仔细翻阅了《机车博览》《蒸汽机车世纪集影》《德国蒸汽机车在中国》等文献资料中的 MG_4 型机车和德国柏林机械制造公司为津浦铁路制造的 MG 型机车的照片，再与 MG 型 35 号机车的驾驶室门窗、机车与煤水车连接部位、烟囱、汽包、沙包、空气压缩机、轮对、前后车钩、排障器、汽缸位置、煤水车轴数、轴箱盖上的字母等结构特点，逐一进行了对比。对比后还是看出一些端倪，它的外形与这两部书中提到由中国唐山机厂在 1919 ~ 1920 年间组装的 MG_4 型机车高度近似。但遗憾的是，几乎所有文献资料中的照片都是机车外部的，而没有机车驾驶室内部的，所以对 MG 型 35 号机车驾驶室与文献资料中 MG_4 型机车驾驶室内部情况无法进行比较，也就无从知道驾驶室操纵装置在驾驶室的左侧还是右侧位置。

而与德国柏林机械制造公司为津浦铁路制造的 MG 型机车的照片作了对比后，虽然二者也有一定的近似度，但远不如与 MG_4 型机车的近似度高。如果对这款 MG 型 35 号蒸汽机车有兴趣的读者，也可以通过上述书籍中的照片进行对比、分析这两款机车的异同，以便探索 MG 型 35 号蒸汽机车的未解之谜。

3. 用铁路特种车从大同运回这台机车

由于 MG 型 35 号蒸汽机车早已退役并在大同机车厂内停放多年，且年久失修，很难恢复其动力性能。即使能够恢复机车动力，也因该机车已报废多年，无法在铁路正线上行驶，所以只能装在铁路特种车上运往北京中国铁道博物馆。于是，

历史照片：20 世纪 80 年代初停放在大同机车厂内的 MG 型 35 号机车

在 2006 年 10 月由铁路系统专门装运超高超限货物的中铁特货公司协助将铁道部科技馆（中国铁道博物馆的前身）在大同机车厂内的 MG 型 35 号蒸汽机车运回北京。同年 11 月，中铁特货公司派出两名工作人员与我们一起前往大同机车厂（现大同电力机车有限公司），对要运回北京的这台机车进行装运前的尺寸测量。

为能装上特种车，工作人员正在测量 MG 型 35 号机车的高度

为能装上特种车，工作人员正在测量 MG 型 35 号机车的轮距

对 MG 型 35 号机车的回运前的尺寸测量完成后，在 2006 年 12 月底，由大同机车厂和大同车站等单位组织有关人员，把 MG 型 35 号蒸汽机车及煤水车分解后，将机车装在 D_{10A} 型 5630933 号凹型车上，煤水车装在 N_{17AX} 型 5073525 号平车上。当年，我在装车现场看到大同机车厂和大同车站的人员，非常认真仔细地对装在特种车上的机车和煤水车反复进行检查和加固。经过对机车和煤水车的加固后，这两辆特种车就启运上路了。2007 年 1 月

底，从大同机车厂运往北京的 MG 型 35 号机车和煤水车，安全抵达中国铁道博物馆专用线。

MG 型 35 号机车正在装上 D10A 型凹型车准备运往北京中国铁道博物馆

机车的煤水车正在装上 N17AX 型平车准备运往北京中国铁道博物馆

4. 对这台老式机车的保护性整修

2007 年的金秋 10 月室外温度适宜，正好利于这个时期在室外对机车整修。于是我组织力量对已经运回北京的 MG 型 35 号蒸汽机车进行保护性整修。当时我考虑利用中国铁道博物馆东郊展馆设有地坑的第一股道南侧，作为整修机车的场地。利用地坑，可以查看机车和煤水车的底部，看看能否找到可以证明机车出处的标记。

在这次保护性整修时，我对维修负责人提出 3 点要求：（1）把缺少和损坏的机车零部件，凡是能够配齐的尽量配齐。（2）整修后的机车及煤水车喷涂黑色亚光油漆及用白色油漆喷涂铁路路徽、车型车号、有关标记文字等。（3）要求施工人员在整修时，仔细查看机车和煤水车的各个部位包括底部，看看是否有任何标记。施工人员按此要求认真细致地对机车和煤水车进行了保护性整修，就连机车锅炉前盖都打开了，查看里面的烟管情况。机车整修完毕经过我们验收，完全符合保护性维修的要求。

机车整修完毕后，用轨道车把机车推送至展厅北区蒸汽机车庞大的阵列中，供人们参观。虽然旧中国铁路使用的 MG 型机车的数量和种类都很多，但保留下来的却很少，除中国铁道博物馆收藏有 1 台外，在集通铁路（集宁—通辽）大板机务段也保留有 1 台。

MG 型机车运抵中国铁道博物馆后维修人员正准备对机车做保护性检修

维修人员正在打磨 MG 型机车的零部件

MG 型 35 号机车经过整修后喷涂了黑色亚光漆

整修后的 MG 型 35 号机车正准备送入铁道博物馆展厅

中国铁道博物馆展出的经过保护性整修的 MG 型 35 号机车

第七章　这款内燃机车为什么值得收藏

——从苏家屯机务段收集 ND_5 型内燃机车

1. 收集这一同款两型机车的过程

2012 年 3 月，我从铁道部机务部门获悉，这年上半年，铁路系统即将有一批内燃机车退出现役而准备报废，其中一些退役机车型号是中国铁道博物馆所没有的，这次机车退役报废，是弥补馆藏空缺的好机会。为此，我们从机务部门提供的这批退役机车的详单中挑选馆藏缺少的车型，并向运输局提出我们挑选的机车型号。经运输局机务部门审核后，2012 年 8 月 18 日该局发出“运机运用电〔2012〕2135 号”传真电报，将有关机车调铁道博物馆作为文物收藏。由于我们挑选的 ND_5 Ⅰ型 0049 号和 ND_5 Ⅱ型 0422 号内燃机车，均在沈阳铁路局苏家屯机务段，需要实地查看车况，然后与机务段办理相关手续。于是我们在 2012 年 10 月和 11 月，两次前往苏家屯机务段查看机车状况，并与机务段领导协商机车的整修和回送事宜。

沈阳铁路局苏家屯机务段的 ND$_5$ Ⅰ型 0049 号内燃机车

沈阳铁路局苏家屯机务段的 ND$_5$ Ⅱ型 0422 号内燃机车

我们收集的这两款机车当时尚在运用，机车整体状况很好，但为了确保机车回送的安全，苏家屯机务段对机车的走行、制动等重要部位进行了整修，并对机车外观重新喷漆。然后于 2012 年 11 月底，沈阳铁路局安排将这两台经过整修的机车回送北京。2012 年 12 月 5 日，ND$_5$ Ⅰ型 0049 号和 ND$_5$ Ⅱ型 0422 号两车一起，安全抵达北京中国铁道博物馆专用线。

ND$_5$ 型机车是由美国通用电气公司（GE）运输系统商业分公司制造的干线货运用内燃机车。交付中国的第一批 ND$_5$ 型机车是于 1984 年 7 月至 12 月制造，编号为 001 号至 220 号。这批机车全部是Ⅰ型车。交付中国的第二批 ND$_5$ 型机车 202 辆，是 1985 年 10 月至 1986 年 1 月制造出厂。机车

ND$_5$ 型机车上美国通用电气运输系统商业分公司的标记

编号为221号至422号。这批机车全部是Ⅱ型车。俗话说，内行看门道，外行看热闹。如果不是专业人员，一般不容易区分ND_5机车Ⅰ型车和Ⅱ型车的差别。ND_5 Ⅰ型车和ND_5 Ⅱ型车的差别见表7—1。

表7—1 ND_5机车Ⅰ型车和Ⅱ型车的差别

车型	外观颜色	排障器	驾驶室	驾驶室前窗玻璃	驾驶室操纵台设置	手制动机位置	两个总风缸位置
Ⅰ型车	翠绿色	水平式	较狭窄	较小	按一定倾斜角度设置	在驾驶室外部	总风缸分开放置
Ⅱ型车	墨绿色	前凸式	较宽敞	加大	无任何倾斜角度设置	在驾驶室内部	总风缸一起放置

2. 这一同款两型机车的研制和引进

国民经济快速发展，铁路客货运量猛增，铁路运输能力全面紧张，货运能力不足导致各地待运货物、物资大量积压，而此时，承担铁路运输的大功率内燃机车数量的不足是一个突出的问题。虽然，当时中国已经开始批量制造东风$_4$型内燃机车，但是东风$_4$型内燃机车的产能尚不能满足日益增长的运输需求。而且在机车柴油机、传动系统以及制造工艺等方面还存在较多问题，机车的可靠性和产品质量也有待改进。当时铁道部经研究后决定，按照

“技贸结合”的原则从国外引进一批大功率内燃机车，以缓解铁路牵引动力紧张的状况。

从1983年1月下旬起，铁道部先后派出人员对苏联、加拿大、美国的内燃机车制造厂商进行考察。并经过反复比较后，选定了美国通用电气公司运输系统商业分公司的C36-7型柴油机车。该机车是通用电气公司在1978年推出的大功率内燃机车，也是“Dash-7”系列产品中最后一款车型。1983年10月31日，中美两国在北京签署了从美国通用电气公司购买首批220台内燃机车的购买合同，购买价格是每台98万美元。同时签署了该型机车关键部件制造技术转让合同，合同规定由通用电气公司向中方无偿转让该型机车的12项关键部件制造技术。这对当时处于不景气状态的通用电气机车部门无疑是一笔重要的订单，通用电气公司发言人曾表示这是该公司收到“单一生产批次最大的订单”，它可为美国伊利工厂创造数百个就业岗位。根据合同，ND_5型机车由美国通用电气公司位于宾夕法尼亚州的伊利工厂制造，并要求该厂在1984年开始交付机车。这批机车是按照该厂的C36-7型柴油机车为原型，专为中国铁路制造的大功率内燃机车。机车在中国被定名为ND_5型，“N”代表内燃机车，“D”代表电力传动，“5”代表中国引进的第5种电传动内燃机车。此外，通用电气公司还为ND_5型机车承担3年或60万千米的保质期，保质期间该公司派员到中国进行售后技术服务；这期间所发生的一切机车质量和技术问题均由该公司负责赔偿。

设计制造 ND_5 型机车时参考的美国通用电气运输系统商业分公司的 C36-7 型柴油机车

第一批共计 74 台 ND_5 型机车（全部是Ⅰ型车）在 1984 年 9 月运抵中国天津港，其中 0002 号机车在天津港卸船时不慎而落入海中。后将机车打捞上岸经修复后恢复正常使用。中国给第一批运抵的 ND_5 型机车安装了机车信号、自动停车装置、列车无线调度电话等设备后，于 1985 年 10 月 15 日在沪宁铁路（上海—南京）首次牵引货物列车运营。

第二批共计 104 台 ND_5 型机车在 1984 年 11 月运抵中国上海港，其中的第 0111 号机车在卸船时因吊车钢缆断裂掉落水中而报废。在第一批共 220 台 ND_5 型机车于 1984 年内交付完毕后，这批 ND_5 型（即Ⅰ型车）机车随即投入铁路运输，鉴于这些机车的良好性能，中国政府于 1985 年再次向通用电气公司追加订购了第二批 200 台 ND_5 型机车（即Ⅱ型车），并要求其在 1987 年内交付完毕。第二批机车根据在中国的实际运用情况和第一批机车存在的缺陷，对机车的设备和零部件进行了多项改进。两批机车总体结构上基本相同，从外观上看Ⅱ型车的驾驶室更为宽敞，并加大了前窗瞭望玻璃，安装了外凸式排障器，两个总风缸都放在油箱一侧。ND_5 Ⅰ型车的车号是 0001 ~ 0220，共 220 台，车身外观喷涂翠绿色油漆。ND_5 Ⅱ型车的车号是 0221 ~ 0422，共 202 台，车身外观喷涂墨绿色油漆。其中0421号和0422号机车是为了替补在1984年卸船时掉落水中的0002号和0111号机车。ND_5型0422号机车也是引进机车中的最后一台。这样我国从美国通用电气公司分两批，共引进了420台ND_5型内燃机车（含Ⅰ型车和Ⅱ型车）。

3. 我国铁路对这一引进机车的使用

从1984年起，这两批ND_5型内燃机车开始配属上海铁路局南京东机务段、济南铁路局济南西机务段、北京铁路局丰台机务段、沈阳铁路局大连机务段等单位。其中南京东机务段配属的机车数量最多，最多时配属了ND_5型机车近200台，并由蚌埠、南京东、南翔三个机务段共同支配使用。担当津浦铁路南段（徐州—蚌埠—南京东）、沪宁铁路（上海—南京）、沪杭铁路（上海—杭州）的重载货物列车牵引任务。而济南铁路局济南西机务段配属的ND_5型机车最多时达到120台，投入津浦铁路济南西至徐州区间使用，用于替换国产的“前进”型蒸汽机车。北京铁路局丰台机务段在1984年开始配属ND_5型机车，担当丰沙大铁路（丰台—沙城—大同）、京秦铁路（北京—秦皇岛）、京原铁路（北京—原平）的重载货物列车及煤炭组合列车牵引任务。其中丰沙大铁路、京秦铁路的组合列车编组重量达到7400吨，用两台ND_5型机车牵引，实行三个机务段跨段轮乘的乘务制度，大幅增加了晋煤外运的能力。使用ND_5型机车后，京原铁路货物列车的上行牵引定数由3500吨提高到4000吨。沈阳铁路局大连机务段从1986年配属ND_5型机车，主要为疏解大连港的货物、减少港口积压的货物和提高海铁联运能力。此外，还担当沈大铁路（沈阳—大连）的货物列车牵引任务。ND_5 型机车在中国铁路主要干线投入使用后，铁路运输的经济效益十分突出，也加速了中国铁路干线牵引动力的内燃化。

ND_5 Ⅰ型内燃机车单机牵引 3700 吨运煤列车

到 20 世纪 80 年代末，ND_5 型机车通过近 5 年的使用期，基本收回了投资。根据机车运用部门实际使用经验，普遍认为 ND_5 型机车油耗低，牵引力大，牵引电动机性能好，电气部件绝缘性能优异，增压器故障率低，维护方便，设计合理，可靠性强。一台 ND_5 型机车的万吨公里燃油消耗量比东风 $_4$ 型（DF_4）和东风 $_{4B}$（DF_{4B}）型机车要低 20%，但牵引能力相当于 1.25 ~ 1.4 台东风 $_4$ 型机车的效率，有效提高了主要铁路干线的牵引定数，运量有了大幅增长，缓解了运输紧张的情况。ND_5 型机车投入沪宁铁路使用后，上下行货物列车牵引定数分别由原来的 3000 吨、3400 吨，提高到 3400 吨、3800 吨，推动了中国铁路重载运输的发展。1985 年，铁道部选择了丰沙大铁路、京秦铁路为试点，开始开行组合重载列车，将两列 3700 吨的煤炭列车组合成一列，由位于列车前部和列车中部的两台 ND_5 型机车，牵引总重达 7400 吨的组合重载列车，由大同出发直达秦皇岛港。而京沪铁路徐州北至南京东区段也从 1992 年起开行由 ND_5 型机车重联牵引 5300 吨、单机牵引 4000 吨的重载货物列车。2018 年底，上海铁路局南京东机务段引入东风 $_{8B}$ 型（DF_{8B}）和和谐内 $_5$ 型（HXN_5）内燃机车后，开始批量淘汰原有的 ND_5 型内燃机车。

历史照片：重联的 ND_5 型车正在牵引货物列车

4. 这款机车的技术特点和收藏价值

ND_5 型内燃机车柴油机装车功率是 2942 千瓦，机车整备重量为 138 吨，构造速度为 118 千米 / 时，通过最小曲线半径为 85 米，能够以多机重联方式牵引列车。

机车是外走廊罩式车体设计，单驾驶室和电气控制室设在机车前端，机车中部是动力室，后端是冷却室。驾驶室前后分别为短端和长端。驾驶室内设有前后两个机车操纵台，为兼顾司机瞭望和操纵的方便，Ⅰ型车的驾驶室操纵台以 45° 角的方式斜置。Ⅱ型车改为中国机车传统的横向正面布置，以增加司机室的空间。驾驶室内壁设有防撞梁和玻璃纤维隔音材料。驾驶室前后各有四扇和两扇玻璃窗。Ⅱ型车为方便瞭望加大了前方玻璃窗，前部的砂箱罩相应降低了高度，并以电热丝加热防霜玻璃取代Ⅰ型车的热风防霜玻璃。

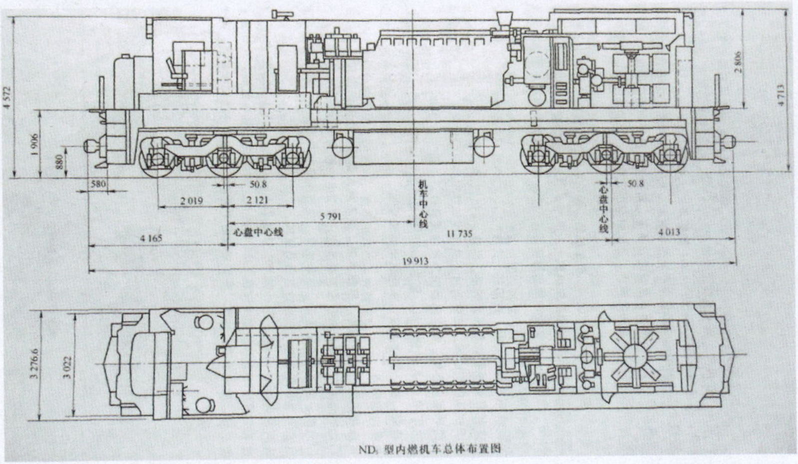

ND$_5$内燃机车Ⅰ型车总体布置图

ND$_5$ Ⅰ型车 0049 号驾驶室操纵台

ND$_5$ Ⅱ型车 0422 号驾驶室操纵台

ND5 型内燃机车的转向架

机车的动力系统是一台由通用电气公司制造的 7FDL-16 型 16 气缸、四冲程、带废气涡轮增压的 V 型柴油发动机，单缸功率可以达到 250 马力。ND5 型机车采用交—直流电传动方式，柴油机通过法兰盘直接驱动一台三相交流同步牵引发电机，通过硅整流装置把牵引发电机发出的三相交流电整流为直流电后，再经过一套控制系统把电能输送给两台转向架上的 6 台直流串励牵引电动机，通过传动齿轮来驱动车轮。牵引电动机采用固定全并联、全磁场方式，用提高牵引发电机调压比而非牵引电动机磁场削弱的方法，来满足机车恒功率速度范围的要求，使机车可在较宽的运行速度范围内实现恒功率控制。ND5 型机车设有较完善的电子恒功率励磁控制系统和“哨兵”黏着控制系统及保护系统。机车的电气控制方式已采用电子控制技术，由 30 块电子插件构成了机车恒功率控制和黏着控制两大系统。恒功励磁控制系统依靠电子控制快速、准确地实现牵引发电机的恒功率，从而达到柴油机的恒功率控制。并引入多种修正和反馈信号，使系统对复杂多变的工作情况快速反应，使机车能够充分发挥功率和牵引力。ND5 型机车电子控制系统的另一核心就是“哨兵”黏着控制系统，通过检测牵引电动机的转速来实现机车速度控制和空转保护，以及改善轮轨黏着状况。机车设有重联装置，可重联运行。采用具有阶段缓解作用的 26-L 型制动机，具有阶段缓解作用，紧急制动时能自动撒砂和阻断功率。

机车走行部分装有两台整体铸钢结构、轴箱导框定位、摇枕式、有心盘的 3 轴转向架，轴式为 C0-C0。一系悬挂为轴箱和转向架构架之间的圆弹簧，二系悬挂为车体和构架之间的四个橡胶旁承。机车的牵引力、制动力、纵横向冲击力通过心盘传递。牵引电动机采用抱轴式悬挂、单边齿轮传动。

ND_5 型内燃机车的牵引发电机、牵引电动机、辅助电机、电子控制产品、恒功励磁装置、轮对防空转装置、废气涡轮增压装置，以及机车的电传动系统和其他机械部件等都各具特色，这些零部件的优良性能，正是当时国产内燃机车技术的薄弱环节。根据中美两国签订的技术转让合同规定，中国大连机车车辆厂与美国通用电气公司合作，用 4 年时间完成具有和通用电气公司相同质量的样车试制验证，用以考验中国对引进技术的消化吸收和技术的掌握程度。从 1985 年开始，大连机车车辆厂和通用电气公司开始在东风 $_{4B}$（DF_{4B}）型内燃机车基础上，研制了东风 $_6$（DF_6）型内燃机车。东风 $_6$（DF_6）型内燃机车总体结构、机械部分由中国大连机车车辆厂设计制造，电气传动系统和控制系统由美国通用电气公司设计制造，机车性能达到同期通用电气公司“Dash-8”系列标准。研制的首批两台东风 $_6$（DF_6）型内燃机车在 1989 年 4 月制造下线并投入铁路线路做运行试验。

随着中国铁路电气化程度的提高，原来由 ND_5 型机车担当的铁路干线货运牵引任务，逐步被国产新型电力机车如韶山 $_4$ 型（SS_4）和 HXD_{2B} 所取代，ND_5 型机车转而用于小运转及调车等任务，仅在春运等机车牵引动力需求大的时候，才担任临时旅客列车的牵引任务。正因为 ND5 型内燃机车具有精良的制造工艺；良好的技术性能；便捷的操控方式；强大的牵引功率，它们在服役时期，不仅受到使用部门的欢迎，在它们退役后也成为铁道博物馆等文博单位争相收藏的铁路可移动实物。因此，中国铁道博物馆也收藏了两款（Ⅰ型车和Ⅱ型车）ND5 型内燃机车。在大部分 ND5 型内燃机车已经达到使用年限逐渐退出铁路运输的舞台后，一些较早生产的 ND5 型机车已被拆解，有少数机车被铁路博物馆、机务段、铁路园区等处收藏展示，机车在这些场所延续着它们生命。

中国铁道博物馆收藏的 ND5 Ⅰ型 0049 号内燃机车

中国铁道博物馆收藏的 ND5 Ⅱ型 0422 号内燃机车

第八章　这是一款有故事的苏制大机车

——从侯马北机务段收集8G型电力机车

1. 8G 型电力机车的引进和制造

8G 型电力机车是如何引进中国的，这要从 20 世纪 80 年代中国与苏联之间的贸易协定说起。当年，中苏两国政府签署了长期易货贸易协定，中国以易货贸易的形式从苏联引进了用于铁路运输的大功率机车、用于公路运输的载重卡车等。

众所周知，中国和苏联之间的关系经历了曲折、复杂的发展历程，在 20 世纪 50 年代初期中苏两国尚处在友好合作时期，苏联曾经向中国提供该国的 VL60 型电力机车的设计资料和生产技术。据此，中国在1958年试制了本国第一代6Y_1型干线电力机车。中苏关系恶化后，到 1970 年两国关系基本处于冷淡、对峙状态。进入 20 世纪 80 年代，中苏关系逐步正常化，贸易磋商和经贸往来也开始恢复。1985 年 7 月，时任中国国务院副总理姚依林访问苏联，访苏期间中苏双方签订了《中苏贸易协定》和《关于苏联在中国建设和改造工业项目的经济、技术合作协议》，其中《中苏贸易协定》是中苏两国经济贸易关系发展史上第一个长期贸易协定。根据此项协定，双方签订了每年换货和付款的议定书，双方贸易额在苏联第十二个五年计划期间要增长到120亿卢布，其中包括向中国出口电力机车、铁路货车、载重汽车、飞机、动力设备等，中国则向苏联出口食品、轻工业产品等予以交换。

1985年8月，中国铁路机车车辆工业总公司（原铁道部工业总局）派出技术谈判代表团赴苏联访问，与全苏动力机械进出口公司、诺沃切尔卡斯克电力机车厂及全苏电力机车研究设计院等单位就电力机车的技术条件进行了初步协商。到1986年5月，中苏双方确定了机车技术条件，并签订了100台8G型电力机车的设计制造合同。合同规定苏联在1987年底向中国交付首台8G型电力机车，到1990年底全部交付完成。诺沃切尔卡斯克机车厂设计这款机车时，参考了苏联本国的VL80S型电力机车的总体设计，并由该厂在1987年至1990年间为中国铁路共制造了100台。

在设计制造8G型机车时参考的苏联VL80S型电力机车

苏联为中国制造的最后一台8G型电力机车即第100台（编号100）

8G 型电力机车的“8”代表机车是八轴，而“G”代表硅半导体整流。8G 型电力机车是继 8K 型、6K 型机车之后，中国在 20 世纪 80 年代从国外引进的第三种电力机车。

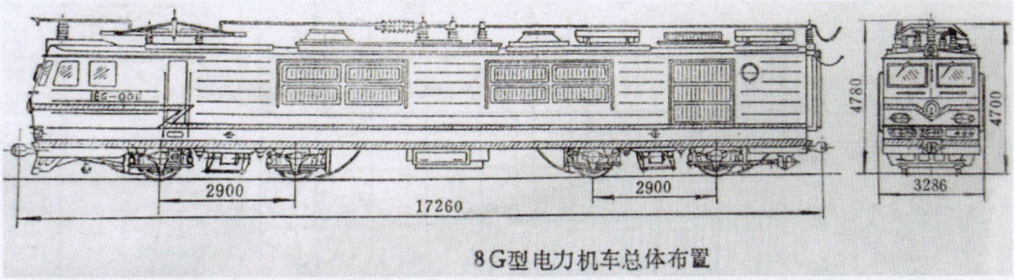

8G 型电力机车总体布置图

按照中国方面要求，这款机车采用了 B0-B0 的两轴转向架形式、单轴功率 800 千瓦、最高速度 100 千米 / 时、传动方式为交—直流电传动。由于这款机车是按照中苏贸易协定以易货贸易的形式引进，在技术条件方面中方并没有太多选择。且鉴于苏联当时的电力机车技术水平，中国对引进 8G 型机车的首要要求是耐用、可靠，以满足当时中国铁路货运牵引动力的实际需要。其次是和 8K、6K 两种通过国际招标并按“技贸结合”的方式引进的机车相比较，8G 型电力机车的技术水平虽不是当时最先进的，但却是工作状况最稳定的。苏联以该国在 20 世纪 70 年代末的 VL80S 型电力机车为原型，再根据中国铁路实际使用要求而设计制造的。机车在很大程度上保留了苏联电力机车的传统技术和风格，如调压电路仍然采用低压侧调压开关、有级调压、过渡电抗器级位转换等，与中国早期的韶山 $_1$ 型电力机车近似，技术水平仍然停留在 20 世纪 70 年代初中期。但 8G 型机车的牵引特性仍然比中国早期制造的韶山 4 型（SS4）电力机车性能略好，而且，机车按中国方面要求采用了质量更好的机械和电器部件，可靠性更高。

2. 这款蓝色涂装大机车简况

8G 型电力机车是一款双机重联式 8 轴大功率干线货运用机车。机车总体结构仿照了苏联 VL80S 型电力机车的设计，并采用了苏联后期制造的 VL85 型电力机车的外观。8G 型机车由两节完全相同的四轴机车通过中间车钩和风挡连接而成为重联机车，并有中间走廊连通。每节车为一个独立的系统单元，重联时驾驶者可在任何一端司机室对机车进行操控。也可以作为单节四轴机车单独使用。机车设计的重联装置，可以让一台或多台机车以重联方式工作。重联时每组机车有两个 8GS 型双臂式受电弓，车顶设有 25 千伏高压连接线。车内电气间采用单侧贯通式内走廊，车体中部设有变压器室，机车持续功率 6400 千瓦，轴式为 2 × B0-B0。

8G 型 002 号电力机车司机室操纵台

8G 型 002 号电力机车的转向架

8G 型 002 号电力机车的联结部位

8G 型 002 号电力机车机器间走廊

8G 型机车为交—直流电传动电力机车，机车的电路系统是，主电路采用由大功率二极管组成的双拍桥式整流电路。二次侧牵引绕组分为两组，每组正负半波分别通过整流装置向两组负载供电，提高了变压器的利用率，并采用低压侧开关调压、中点抽头式整流，牵引电机端电压的调压是通过调压开关分段将调压绕组接入或断开来实现；为增加调压级数，机车采用了不对称调压方式，级间转换采用过渡电抗器，调压开关共有 36 个级位，其中只有 9 级为经济运行级，其余 27 级为非运行级。为进一步提高机车运行速度，调压电路设有三级磁场削弱装置，磁削电路中增加了感应分流器，用以磁场削弱时改善牵引电动机的换向和防止电压突变而引起的牵引电动机过载。这款外观蓝色涂装的大机车，被中国火车迷们诙谐地称为“蓝胖子”，它在中国铁路员工和众多火车迷们眼中还是很有“车缘”的。

3. 这款大机车在中国的使用情况

8G 型电力机车于 1988 年至 1991 年间分批运抵中国后，全部 100 台机车都配属当时的北京铁路局太原北电力机务段（京局原段）。经过牵引试验后，根据机车性能和运输任务需要，确定在石太铁路（石家庄—太原）投入 60 台机车使用。在北同蒲铁路（大同—太原）投入 40 台机车使用，担当“晋煤外运”重载列车的牵引任务。在此后近 20 年的时间里成为石太铁路、北同蒲铁路的牵引主力。2003 年，20 台 8G 型机车由太原北机务段转配石家庄电力机务段（京局石段），用于石太电气化铁路列车牵引。但由于石家庄电力机务段缺乏 8G 型机车的使用和维护经验，至 2005 年初这批机车又恢复配属太原北机务段使用，但 001、004 号机车在配属石家庄机务段运用期间报废。2005 年 3 月，北京铁路局下辖的太原铁路分局与大同铁路分局合并成立新

8G 型 002 号电力机车运用时牵引货运列车

在石太铁路（石家庄—太原）使用的 8G 型电力机车

的太原铁路局，所有8G型机车仍然配属太原北机务段使用。2009年8月，太原铁路局进行站段布局调整，撤销了太原北机务段，将太原北机务段建制划归太原机务段管理，所有8G型机车改为配属太原机务段（太局太段）。2011年初，太中银铁路（太原—中卫—银川）开通运营，太原机务段将35台8G型机车投入该铁路担当直通货物列车的牵引任务。由于太中银铁路采用GSM-R网络终端通信系统，在太中银铁路使用的8G型机车均加装了列车综合无线调度通信设备。同时，南同蒲铁路榆次至侯马北之间完成了电气化改造，35台8G型电力机车转而配属侯马北机务段，担当侯马北至太原北之间货运列车牵引任务。除此以外，8G型电力机车还在太岚铁路（太原—岚县）、西山铁路等运煤支线担当牵引任务。由于中国的机车大修工厂大多不具备对从国外引进的机车检修条件，因此8G型电力机车的大修任务均由太原机务段承担。

8G型电力机车的造型风格极具苏联的特色。在人们的印象中，苏联生产的汽车、火车等交通工具外观比较粗壮、笨重。8G型电力机车是20世纪80年代中国铁路部门从苏联引进的电力机车，也是改革开放后中国从苏联引进的唯一一款电力机车。尽管8G型电力机车的核心技术在当时算不上最先进的，但它的耐用性和可靠性都比较强，牵引力水平也很不错，适合当时中国铁路运输的基本情况。引进的100台8G型机车最初全部配属北京铁路局太原北电力机务段，用于“晋煤外运”重载列车牵引。很长一段时间里，8G型电力机车的身影遍及石太、南同蒲等重要干线铁路，为中国铁路货物运输做出了重要贡献。从2014年起，由于车的机件老化等问题，8G型电力机车逐渐退出铁路运营一线。2015

年5月，8G型电力机车正式退出历史舞台，结束了它在中国铁路20多年的服役生涯。

4. 8G型机车是否具有铁路遗产价值

8G型电力机车是参照苏联VL80S型电力机车（原称N8O型电力机车）设计制造的。而VL80S型电力机车曾是苏联铁路干线货运机车的主力车型之一，适用于25千伏工频单相交流制的电气化铁路，在1970年至1980年期间曾是苏联电气化铁路的主力货运机车，很有代表性。它也是中苏两国关系改善后，我国从苏联引进的首款大功率电力机车，是中苏两国铁路技术交流的重要见证物。

VL80S型机车是双节重联八轴电力机车，由诺沃切尔卡斯克电力机车厂于1961年在VL60型电力机车的基础上研制成功的。它采用交—直流电传动及引燃管整流器。到1963年，又成功研制了采用硅整流器及变压器低压侧调压的VL80K型电力机车。此后，该机车厂又研制了具有电阻制动、晶闸管不等分三段全控桥调压并具有再生制动功能的VL80R型机车，以及能够多节自由重联（三节或四节）组合的VL80S型机车等。至1993年停产时为止，诺沃切尔卡斯克电力机车厂共制造了4921台VL80系列电力机车，成为苏联铁路史上产量最多的电力机车。

2012年下半年，根据原铁道部运输局2012年8月18日发出的“运机运用电〔2012〕2135号”传真电报的要求，同年11月12日我们前往大秦铁路股份有限公司侯马北机务段，查看并收集这款8G型002号电力机车。我们达到侯马北机务段后，经过机

停在侯马北机务段内的 8G 型 002 号电力机车

8G 型 002 号电力机车上喷涂的配属局段

务段有关人员指引，我们看到 8G 型 002 号电力机车静静地停在段内线路上。看过机车外观后，又登上机车驾驶室查看，驾驶室内也不缺少零部件。看过机车总体情况后，我们认为机车的状况还算不错，不用进行大的整修。经与机务段方面协商，要求对机车的门窗玻璃、锁具等都要配齐并灵敏有效，机车外观做喷漆油饰、两端驾驶室进行清洁，机车整备后即可回送北京。机车经机务段整备后，在 2012 年 12 月 1 日，侯马北机务段发出“第 78 号”机车回送电报，将 8G 型 002 号电力机车回送至北京中国铁道博物馆。机车于 2012 年 12 月 5 日安全抵达北京中国铁道博物馆东郊展馆专用线，然后送入机车展厅被中国铁道博物馆永久收藏。8G 型电力机车代表了当时苏联机车制造的工艺及水平，其良好的工况和稳定的性能，是中苏两国铁路交流与合作的见证物，具有一定的铁路遗产价值，值得人们对它深入研究。

除了中国铁道博物馆收藏8G型002号机车外，其他退役的8G型电力机车的保存情况是，076号机车退役后，停放在太原铁路局太原机务段北场做静态展示。097号机车退役后，停放在太原铁路局榆次机务折返段，做救援演练用车。

8G型002号电力机车上的制造厂铭牌

中国铁道博物馆收藏的8G型002号电力机车

第九章　收集中国第一代电动车组的工作中途夭折

——未能完成的一次抢救铁路遗产行动

1. 前往长客厂计划收集这列有意义的动车组

2014年3月初，我们接到中国铁路总公司科学技术部（原铁道部科学技术司）负责人转达铁道部领导的建议通知，希望中国铁道博物馆能够把在长春客车厂（现中车集团长春轨道客车股份有限公司，下称长客）内存放的，中国第一代KDZ1型交流传动电动车组收集到铁道博物馆收藏展示。接此通知后，我们在3月9日乘火车从北京出发，于次日早晨抵达长春，并在

废弃后停放在长春客车厂内的KDZ1型电动车组全貌

抵达长春当日上午前往长客与负责和我们对接的人员接洽。长客的人员简单地介绍了这列动车组的有关情况，然后带我们到停放这列动车组的地方查看动车组的现况。我们在该厂的一处储煤场旁边的铁路线路上，看到了这列在这里已经停放了25年的动车组。这列外观蓝白色相间的动车组整体外观还能看出模样，但已显得十分陈旧，车体上布满灰尘，动车组外表的蓝白色油漆已经明显褪色，还有部分油漆剥落，可看到喷涂在车厢外部黄颜色的“DYZ1 0001 电动硬座车”字样。一些铁制零件也有锈蚀。动车组上部的受电弓还在，全列动车组的门窗玻璃基本完整没有破损。动车组的转向架也完好，车钩和排障器都在，车钩还是密接式车钩，车钩上还可以清楚地看到铸造时的“长客86”字样。看过动车组外部

动车组车厢外部喷涂的 DYZ1 0001 电动硬座车

动车组动力车顶部的受电弓

KDZ1 型电动车组的密接式车钩上面铸有“长客 86”字样

情况后，我们又进入动车组内部查看，动车组的内部基本保持完整，两端头车驾驶台上的操作按钮和控制手柄也算完整个别有缺失，车厢内所有座椅都还在原位只是落满灰尘。乘务员室也比较完好，盥洗室内的水槽和龙头都在原位，可看到一节动车内两端上部，有白底红字的“DYZ1 0002 定员 103 长春客车厂”的铭牌。

动车组一端的驾驶室内景

动车组另一端驾驶室内景

动车组内部已经落满灰尘的座椅

动车组内的乘务员室

动车组内盥洗室的水槽

动车组内的定员 103 及长春客车厂标牌

从 1989 年对这列动车组进行的各项试验完成后到 2014 年我们去停放现场查看时，这列动车组已在这里停放了 25 年之久。看过现场的动车组实际情况后，我们与该厂有关人员讨论了对这列动车组的恢复性整修和用什么方式运送至北京中国铁道博物馆等问题。首先明确中国铁道博物馆从这列两动两拖动车组中，选取一动一拖两节作为博物馆收藏。然后该厂对我们看过动车组实况后提出的修复建议，与我们进行了探讨，并说尽快制定出一份修复方案和项目清单。第二天，我们再次到长客厂与该厂对接人员商谈对动车组的修复事宜。该厂提出了一份对该动车组需要修复的部位和补充缺失的零部件的初步项点清单，以及采用公路运输方式将修复后的动车组运送至北京中国铁道博物馆。并说这份清单还需要请示该厂有关领导后才能最终确定。

20 世纪 80 年代初，根据铁道部科技发展规划，为满足中国城市之间中距离高速运行需要、增强旅客运输能力而研制了这列 KDZ1 型电力动车组。它是中国自主研发的第一代交流传动电动车组的实验性车型，当时由长春客车厂、株洲电力机车研究所、铁道科学研究院等单位在 1988 年联合研制。原铁道部部长傅志寰为研制这列动车组，也曾付出过很多心血，因此对这列动车组有着深厚的感情。1989 年 3 月这列电力动车组在北京环行铁道实验线进行了动车组性能鉴定试验和试运行考核。同年 7 月以 141 千米 / 时的速度进行线路运行试验。

在北京环形铁道进行性能试验的我国首列 KDZ1 型电动车组

2. 这列 KDZ1 型动车组的研发背景

根据铁道部“十年铁路科学技术发展规划”，在 1978 年组织长春客车厂、株洲电力机车研究所、铁道科学研究院等单位，立项进行电动车组的设计研发工作，以满足人们在中国城市间中距离快速出行的需要，增加旅客运输能力。1978 年 5 月，铁道部与相关单位召开了第一次电动车组协作会议，在这次会上，铁道部提出要在 1978 年内组织进行一次时速 160 千米的动力学试验，以便为研制快速电动车组的转向架提供试验数据。于是在 1978 年 12 月，由铁道科学研究院、北京铁路局石家庄铁路分局（当时铁路分局尚未撤销）、浦镇车辆厂、长春客车厂等单位合作在京广铁路

（北京—广州）石家庄至保定区段进行并完成了160千米/时动力学试验。进行试验的车辆包括4辆硬座22型（YZ_{22}）客车并装用经过改造的202型、209型车辆转向架。牵引这组车辆的机车使用的是液力传动的NY_5型内燃机车，试验最高速度达到了165千米/时，这一速度也成为当时中国铁路列车的最高运行速度纪录。

到1983年初，电动车组的技术设计基本完成并开始进入试制阶段。经过5年多的时间，中国自行研制的第一列电动车组在1988年9月完成整列组装并定名为KDZ1型。这列动车组共4节编组（两节动力车，两节无动力车），设计最高速度为140千米/时。1989年3月，这列动车组送到北京环形铁道试验基地进行静态和动态调试、性能鉴定和在试验线路上做试运行。同年7月7日，该动车组的最高试验速度达到141千米/时。1989年8月8日，时任国务院总理李鹏和国务委员宋健、邹家华等领导同志到环形铁道试验基地视察并试乘坐了这列KDZ1型电动车组及25型双层客车等新研制的铁路机车车辆。国务院领导同志对这些新研制出的机车车辆和动车组均给予了积极评价。

KDZ1型电动车组就是在这样的背景下研发的，这列电动车组在北京环形铁道试验基地完成各项测试后，原计划把这列动车组配属郑州铁路局宝鸡电力机务段，准备投入陇海铁路（兰州—连云港）西安至宝鸡区间运行。但由于当时这列动车组在整备条件、技术性能等方面并没有充分实现预定目标，致使该动车组被送回长春客车厂暂时封存。虽然KDZ1型电动车组未能投入实际运营，但它为后续在1999年研制的“春城号”电动车组（KDZ1A型）累积了基础数据和研发经验。2009年，“春城号”电动车组被封存于昆明铁路局广通机务段内。在 2014 年 5 月，云南铁路博物馆收藏了另一列退役的“春城号”电动车组中的一节头车（为无动力拖车，编号是 RZ25DT 110875）和一节中间车（为动力车，编号是 YZ25DD 345767）。

在 KDZ1 型动车组基础上研制的“春城”号动车组

3. 这列动车组的总体结构、传动系统、走行部分

（1）动车组总体结构，KDZ1 型电动车组由 4 节编组而成，由两辆带驾驶室的头（尾）车（无动力车）和两辆中间车（动力车）共同组成。动车组的每一动一拖组成一个独立电气单元，司机可在任意一端驾驶室对全动车组进行操控。头（尾）车车顶安装了受电弓和主断路器，车底装有主变压器、晶闸管整流装置、电子控制装置等设备。中间车设有平波电抗器、劈相机组和辅助电气柜，车顶设有电阻制动柜，每个车轴均为动轴及装有牵引电动机。动车组采用的其他新技术有：八段桥调压装置、恒流恒速电子控制

系统、真空断路器、一体化绝缘牵引电动机、车顶自冷制动电阻、多单元重联控制系统、数字式空气与电气联合制动等。车厢采用无中梁轻型车体钢结构，并大量采用铝合金压塑板以减轻车体自重，各车厢之间采用密接式车钩连接。4 节车厢均为硬座车，座席是按“2+3”式布置，其中头车定员 88 人，中间车定员 103 人。

（2）动车组传动系统，KDZ1 型电动车组采用交—直流电传动，接触网导线上的 25 千伏单相工频交流电电流，经受电弓引入列车后经过主断路器，经过高压电缆进入车底的主变压器，交流电经过主变压器降压后进入晶闸管整流装置，将交流电转换成电压可调的直流电，向同一单元内相邻动车的牵引电动机供电。主变压器为壳式铁心全密封变压器，采用强迫导向油循环吹风冷却。整流装置采用晶闸管八段桥整流电路，实现相控平滑调压，并能够有较高的功率因数和较低的等效干扰电流。牵引电动机为 ZQ-150 型四极串励脉流牵引电动机，持续功率为 150 千瓦，采用 1.5 倍额定起动电流及 1.7 倍额定制动电流。

（3）动车组走行部分，动车组的每节车厢安装两台二轴转向架，采用焊接构架、中央空气弹簧、牵引拉杆、无摇动台的高速转向架。

KDZ1 型电动车组技术数据见表 9—1。

表 9—1　KDZ1 型电动车组相关技术数据

序号	项　目	内　容
1	动车组类型	电动车组
2	制造厂商	长春客车厂，株洲电力机车研究所
3	研制年份	1988 年

续 表

序号	项 目	内 容
4	生产量	仅造 1 列样车未批量制造
5	衍生型动车组	“春城号” 电动车组
6	动车编组	4 节（两动车两拖车）
7	设计最高速度	140 千米 / 时
8	动车组定员	动力车：88 人，拖车：103 人
9	动力车及拖车长度	25500 毫米
10	动力车及拖车宽度	3105 毫米
11	动力车及拖车高度	4100 毫米
12	轴重	54 吨
13	供电制式	AC 25 千伏 50 赫兹
14	传动方式	交直流电传动
15	牵引电动机	ZQ-150 ×8
16	牵引功率	1200 千瓦

4. 收集这列动车组中途遇阻且最终夭折

在 2014 年 3 月 10 日至 12 日，长客方面提出的对动车组恢复性整修和运输建议方案，内容包括 6 个部分：（1）外观部分，车体表面重新喷漆；所有外露零部件进行翻新。（2）内饰部分，车厢内部的座椅、行李架、灯具、门窗、玻璃翻新；翻新完成后，清洁车厢内部所以区域。（3）司机室部分，司机室内所有器件修复完整，无需恢复其功能，保证外观即可；司机室风挡玻璃翻新，并要保证整体密封性。（4）车下部分，车下重点检修转向架，保证达到能够低速拖拽条件；车下所有设备做防腐和重新喷漆处理，去除所有无用零件；重新更换、检查车下所有紧固件。（5）车顶部分，翻新、检查受电弓，保证受电弓完整、牢固。（6）根据实际情况，动车组采用公路运输方式运送至北京。这份整修清单可谓做得比较详尽，基本把需要恢复性修复的部位都涉及了。该厂与我们对接人员说，要向该厂的有关领导汇报后，才能最终确定实施方案。

这样我们就只能静等长客有关领导对这列动车组修复方案及修复清单的最终答复。3 月 12 日下午，厂方有关人员与我们通电话说，该厂有关领导在外地出差，要等其回到长春后才能确定下来，建议我们先回北京等待消息。根据这一情况，我们于次日乘火车返回了北京。回到北京后，我们把在长春客厂查看 KDZ1 型电动车组实际情况及与长客厂商谈如何恢复修复该动车组的情况向中国铁路总公司科技部的有关人员做了汇报。然后，静等消息。到当年 5 月中旬，长春客车厂致电我们，说该厂有关领导认为恢复性修复动车组的工作量比较大，所需整修费用以及公路运输费用都比较高，厂方考虑暂缓实施。至此，收集这列 KDZ1 型动车组的工作在中途就戛然而止。对此，我们也不能对该厂进行指责，因为他们毕竟是大型企业，需要的是创造利润和经济效益。而恢复性修复一列老旧的动车组，所产生的费用确实很高，不亚于制造一组新的动车组的费用。现在，回想当初铁路总公司科技部提出希望中国铁道博物馆能收集该动车组的做法，本意是积极的，但当时并未考虑具体的运作方式，以及如何使该厂能够接受并协助铁道博物馆完成这一任务的具体措施。时光就这样一天又一天过去了，我们再未收到该厂对修复、运输这列动车组的任何实施方案。

第十章　它虽是小站却是一座历史悠久的老站

——津浦铁路杨柳青站旧址的沧桑

1. 赴天津杨柳青车站旧址调研铁路遗产

2011 年 7 月，我们与天津铁路办事处有关人员，一同前往天津市西青区杨柳青镇北部的杨柳青站旧址调研铁路文化遗产。

历史照片：旧时子牙河沿岸景色

杨柳青站旧址位于子牙河的南岸，随清朝末期津浦铁路（天津—浦口）的修建而建造的。如果从天津北站出发沿津浦铁路先向西行，过天津西站和曹庄站后就是杨柳青站。我们先抵达杨柳青新站，在距新站西侧约两百米处，就是杨柳青老站旧址，旧址包括站房及其附属建筑。老站占地约 575 平方米，我们走近站房看到，这是一幢砖混结构的二层德式建筑，站房屋顶覆盖着暗红色筒形瓦，房顶陡坡处开有天窗，又称牛眼窗。朝向铁路线路一面是三扇涂成绿色的拱券式大门，车站大门口原来用方木支撑的雨搭已被拆除。中间的拱券门两边墙上有近似隶书体的“杨柳青”三个大字。站房门前残存部分石质平台。我们去的时候，整个老站旧址建筑尚未进行保护性维修，显得有些破旧，但仍较完整地保留了车站初建时的面貌。

杨柳青老站房面向铁路一侧情景

杨柳青老站墙上的繁体字站名

杨柳青站老站房门前残存的石质平台

查看过老车站外部，我们进入站内。一层各房间有些杂乱，里面保留着木制楼梯，但未发现值得保留的铁路老物件。老站候车室还算宽敞，候车室内的墙面油漆已有部分剥落。查看过室内情况之后，我们进入老站院内，从侧面查看站房建筑，能看到站房人字形屋脊侧面上镶嵌的青铜装饰和由红砖砌成的拱券式窗。然后我们又对老站的附属建筑进行查看，附属建筑包括职工食堂、职工宿舍、锅炉房、工具备品室等。由于老车站已废弃闲置多年，院内的附属建筑也多已残破不堪，房屋内垃圾、尘土堆积，看了令人唏嘘不已。从杨柳青老站南侧的车站业务用

杨柳青老站房里的木制楼梯

杨柳青站老站候车室内部

房墙外还能看到房檐处残留的已有些损坏的“杨柳青站”四个大字。

杨柳青老站人字形屋脊侧面的青铜装饰和红砖砌成的拱券式窗

杨柳青老站南侧业务用房墙外还能看到房檐处残留的“杨柳青站”四个大字

历史上，在津浦铁路建造前，为争夺这条铁路的修建权，英、德两国出于各自的利益，展开了激烈的争夺。最后英、德两国达成妥协，由英国的汇丰银行、中英银公司、德国的德华银行等两国的资本集团，背着中国，于1898年9月，在英国伦敦举行了瓜分在华利益的会议。会议擅自决定由英、德两国联合贷款，共同获取在中国修建津镇铁路（天津—镇江）的权益。腐朽的清政府屈从于帝国主义的压力，在1899年5月与英、德两国签订了《津镇铁路借款草合同》。1908年又签订了正式的《天津浦口铁路五厘利息借款合同》。该合同把原计划修建的津镇铁路改为修建津浦铁路。津浦铁路全线长1009千米，分南北两段建造。北段自京奉铁路（北京—奉天）天津总站（现天津北站）以南两条铁路接轨处为起点，南至山东的韩庄，线路长626千米，由德国负责修建，因此，津浦铁路北段车站多为德国建筑风格。南段自山东韩庄至江苏浦口，线路长383千米，由英国负责修建，因此，津浦铁路南段的车站多为英国建筑风格。南北两段分别于1908年7月和1909年1月开工，1911年9月接轨。1912年在杨柳青镇的北侧建造了杨柳青车站。老站一直使用到20世纪80年代初停用。1980年，杨柳青新站建成投入使用，杨柳青老站停止运营，完成了它的历史使命。

停用后的杨柳青站老站房

新建的杨柳青车站面向街道一侧

通过这次在杨柳青站旧址调研看到旧址的状况后，我感到铁路系统一些单位和职工缺乏对不可移动文物的保护意识。这就要求我们铁路遗产保护工作者必须加大文物保护的宣传力度，与当地文物管理部门结合，共同维护这些宝贵的文化遗产。回京后不久，天津铁路方面的人员告诉我，当地文物部门对杨柳青站旧址进行了保护性维修。这的确是好消息，希望这样的做法在其他铁路不可移动文物保护不力的地方也能做到。

2. 感受津西古镇杨柳青的历史文化氛围

因为杨柳青站旧址建在杨柳青古镇旁，就顺便简说一下杨柳青古镇。这座古镇因京杭大运河而兴起，而且津浦铁路天津至德州段，基本是沿着京杭大运河的走向修建的。在明、清两代这里的漕运鼎盛、舟楫云集，呈现出一派水乡景象。当年杨柳青镇被称为“大镇”，是中国四大名镇之一和中国北方历史名镇。根据《天津县志》记载：“杨柳青，城治尚远，然亦县治中之大镇也。”镇内店铺林立，旗幌招摇，街头巷尾摊贩众多，叫卖声此起彼伏。古香古色的牌楼装点着街景，镇中遍布数十座大小庙庵。每逢庙会之日，烛影闪耀，香烟缭绕，商贾们祈福求财，平民则镶病求嗣。至暮春时节，翠绿茂密的杨柳掩映着青砖灰瓦的住宅，显得格外清幽，成为天津名胜。

经过简单维修油饰后的杨柳青老站房

尤其值得一提的是杨柳青木版年画。这种年画始于明代，繁荣于清代晚期，迄今已有600多年的历史。是中国著名的民间木版年画之一。杨柳青年画继承了宋、元绘画的传统，吸收了明代木刻版画、工艺美术、戏剧舞台的形式，采用木版套印和手工彩绘相结合的方法，创立了鲜明活泼、喜气吉祥、富有感人题材的独特风格。2006年5月20日，杨柳青年画经国务院批准列入第一批国家级非物质文化遗产名录。

杨柳青镇在2005年被评为“中国魅力文化传承名镇”。鉴于杨柳青老站的建筑特色在2007年8月被天津市评为“天津十佳不可移动文物”。2009年，杨柳青古镇又被命名为“中国历史文化名镇”。

天津市杨柳青镇的地标石

杨柳青新站及老站旧址现隶属中国铁路北京局集团有限公司（原北京铁路局）天津车务段管辖，新站现为二等站。从2009年5月起，新天津西站建设期间，杨柳青新站曾作为老天津西站的临时站。2011年6月30日，新天津西站建成使用后，杨柳青站也完成了老天津西站临时站的使命。杨柳青老站自1912年建成至今（2022年）已经度过110个年头，现存建筑基本保持了建站初期的面貌。它是津浦铁路建设的历史见证，有着较高的历史和学术价值，属于近现代重要史迹及代表性建筑，是研究津浦铁路重要的不可移动实物。通过查看杨柳青站旧址，不仅使我们感受到岁月的沧桑，也使我们感到肩负的保护铁路文化遗产的责任重大而光荣。

第十一章　从康庄机车库调运8台机车到铁道博物馆

——其中一些机车已具备铁路遗产的条件

由于中国铁道博物馆在2002年以前尚未建成收藏展示场馆，使得其前身铁道部科学技术馆从有关铁路局和铁路工厂收集的老式机车车辆，暂时存放在原北京铁路分局北京西郊的101车站的车辆库内和原北京铁路局原京张铁路（北京—张家口）康庄老火车房内（新中国成立后统一改称机车库，本章也用机车库）。存放在康庄机车库的是7台蒸汽机车和1台内燃机车机车计8台。蒸汽机车型号是SL_3型152号、KD_5型373号、PL_3型51号、PL_9型146号、KF_1型006号、FD型1979号、JF_{11}型3773号。内燃机车型号是NY_5型0003号。这些机车中，有一些机车如KF_1型006号蒸汽机车、NY_5型0003号内燃机车都是有故事可讲的。其中NY_5型0003号内燃机车我在《我讲述的铁路遗产故事》（第二部）第六章中以“已经成为铁路遗产的NY_5型0003号内燃机车”一文讲述给读者了，本章不再复述。

1. 第一次从康庄机车库调运机车

2002 年中国铁道博物馆东郊展馆已经建成，在为了尽快充实已建成的东郊展馆内的机车车辆种类和数量，在 2003 年 9 月，我们分两批把暂存在康庄机车库内的 8 台机车，调运至北京铁路局南口机务段（当时铁路分局机构尚未撤销、铁路站段也未撤并调整）进行整修，然后运至中国铁道博物馆东郊展馆收藏展出。

为了做好这次机车调运工作，2003 年 7 月，我两次专程到南口机务段与该机务段负责机车整修和机车运用的段领导和有关人员，就铁道部科学技术馆（现中国铁道博物馆）临时存放在康庄机车库内的 8 台机车，调运到南口机务段进行整修等问题进行协商。我们除了商谈有关机车调运、整修问题外，还把这 8 台机车的长度、宽度、轴重、空量、最小转弯半径等基本数据提供给机务段参考，以便于他们科学安排调运。经过协商取得一致意见，即南口机务段初步安排在当年 9 月中旬和下旬，分两批组织康庄机车库的调车作业。第一批将空重较轻的 4 台机车先行调运，第二批再调运剩余 4 台空重较重的机车。这样安排主要是考虑到调运这批机车，从康庄至南口要穿越京张铁路关沟段的八达岭隧道和 33‰的大坡道下坡路段。牵引这些老式机车通过 33‰的下坡线路，是有一定风险的，因此，南口机务段为运输安全起见，决定先安排把空重较轻的 4 台机车调运至南口机务段，然后再调运剩余 4 台空重较重的机车。

第一次机车调运是在 2003 年 9 月 17 日。这天早上，天空阴沉并飘着蒙蒙细雨。一大早我与南口机务段的有关人员就来到康庄机车库，查看当日准备调运的 4 台机车，即 JF_{11} 型 3773 号、

PL_3 型 51 号、PL_9 型 146 号、KD_5 型 373 号蒸汽机车的状况。经过南口机务段机车检修人员的仔细检查，准备调运的 4 台机车的走行部和制动都没发现问题，完全可以由内燃机车牵引行驶。为此，南口机务段安排了东风 4B 型 1661 号和 1678 号两台内燃机车，用于牵引这 4 台要调运的机车。临近中午，天气逐渐转好，蒙蒙细雨也停了，机车调运作业也随即开始。在对这 4 台空重较轻的机车进行了认真检查后，机务段派出的东风 4B 型 1661 号和 1678 号两台机车，分别把机车库内已检查过的 4 台机车从库内牵引至库外线路，并在机车库外东侧的线路上反复进行了摘挂、启动、制动、走行等试验，以确保机车在正线行驶的安全。机车调运时，征得机务段方面的同意，允许我在东风 4B 型 1678 号牵引机车驾驶室里，全程跟随车列从康庄机车库一路开行到南口机务段。东风 4B 型内燃机车牵引着老式机车从康庄机车库出发，沿路经过八达岭隧道、33‰大坡道等险要地段。当牵引机车通过关沟段 33‰的大坡

南口机务段的领导和技术人员为调运机车在康庄机车库查看库内外线路情况

停在康庄机车房外准备进入库内调车的两台东风 4B 型 1661 号和东风 4B 型 4678 号型内燃机车

道下坡路段时，内燃机车基本上采取制动状态并利用撒沙装置给车轮与钢轨之间撒沙，以增加轮轨之间的阻力，我在内燃机车驾驶室里能清晰地听到机车制动和撒沙后车轮与钢轨间刺耳的摩擦声。在南口机务段司机娴熟的驾驶下，东风 4B 型内燃机车牵引着老式机车顺利地通过了八达岭隧道和关沟段 33‰大坡道下坡路段，最终安全抵达南口机务段。

东风 4B 型 1661 号内燃机车进入库内挂车牵引

东风 4B 型 1661 号内燃机车在库内挂好老式机车后牵引出库

老式机车被牵引出库后，机务段领导和技术人员在检查老式机车走行部的状况

当东风 4B 型 1661 号和东风 4B 型 1678 号两台内燃机车牵引老式机车至青龙桥站时停车凉轴，技术人员下车查看被牵引机车的走行部状况

2. 第二次调运机车及在南口机务段整修

第二次从康庄机车库调运机车至南口机务段的时间是 2003 年 9 月 23 日。这天天气晴朗，刮着二三级风。南口机务段这次安排了东风 $_{4D}$ 型 4246 号和 5014 号两台内燃机车作为牵引动力，用于牵引机车库内空重较重的 KF_1 型 006 号、FD 型 1979 号、SL_3 型 152 号蒸汽机车和 NY_5 型 0003 号内燃机车 4 台机车。

存放在康庄机车库的最后两台机车被调走后康庄老机车库已经是车去库空

南口机务段的工作人员正在检查准备牵引出库的 FD 型 1979 号蒸汽机车

由于有了第一次从康庄机车库调运机车的成功经验，所以第二次的调运作业就显得从容了许多。这次调运的过程与第一次机车调运时基本一致。也是先由机车检修人员检查被调运机车的走行部和制动等情况，然后将老式机车牵引到

使用东风 $_{4D}$ 型 4246 号内燃机车牵引 FD 型 1979 号老式蒸汽机车出库

机车库外东侧线路上进行摘挂、启动、制动、走行等试验。这次不仅有机务段负责检修和运用的段领导参加，还有段技术室、安监室的有关人员。第二次机车调运时我再次征得机务段方面的同意，让我在被牵引的FD型1979号老式机车的驾驶室里，全程跟随车列再次从康庄机车库到南口机务段。在机车运送途中，车列需要停留数次，以便检查被牵引的老式机车的车轴温度和闸瓦情况等。

使用两台东风4D型4246号和5014号内燃机车牵引FD型1979号机车以确保行车安全

东风4D型4246号内燃机车从康庄机车库将蒸汽机车安全牵引至南口机务段

这两批老式机车全部调运到南口机务段后，机务段在保障日常铁路运输的情况下，随即安排人员对这些机车进行保护性整修。我在《我讲述的铁路遗产故事》（第二部）第十四章中，曾提到南口机务段曾是北京铁路局中蒸汽机车退役最晚的机务段，他们拥有一批经验丰富的机车检修人员，所以，这次对这些机车的保护性整修，仍由南口机务段的这批技术人员负责施工，以确保机车的整修质量。

这里要说明一点，由于中国铁道博物馆是收藏展示铁路文物的场所，而机务段是铁路运输企业，二者的业务性质不同。任何退役的机车车辆在博物馆中陈列的目的，是向观众展示它们的外部形状、机械结构、工作原理等。而仍在使用的机车，在机务段中它们是生产资料，要为企业创造价值。基于这种原因，当这批机车在2000年首次存放在康庄机车库时，我就考虑这些退役机车今后将永久在中国铁道博物馆中收藏展示，不会再投入使用。为了突出机车的展示效果，有必要让部分机车的外观以新面貌出现在观众面前。所以，我提议应将部分机车外观喷涂成其他颜色。当年，我把该提议与单位有关领导交换意见后，他们认为可行。由于没有经验，不宜选择过多机车改变外观颜色，于是我从康庄机车库存放的部分机车中，挑选了4台外国制造的蒸汽机车，作为改变机车外观颜色的试验品。然后，由南口机务段按要求准备相应颜色的亚光油漆进行喷涂，因为使用亚光漆喷涂机车外观后，不会产生那种强烈的反光，使人们看到机车的外观效果比较柔和。随后，机务段按我们要求，对4台机车进行了喷漆作业，把英国制造的KF_1型006号机车喷成深蓝色，把苏联制造的FD型1979号机车喷成深棕色，把日本制造的SL_3型152号机车喷成墨绿色，把比利时制造的PL_9型146号机车

KD_5型373号和FD型1979号两台机车安全抵达南口机务段后准备进行保护性整修

喷成橘红色。这就解释了为何在这两次机车调运过程中，会有深蓝、深棕、墨绿、橘红等不同外观颜色的蒸汽机车出现在调运机车行列中的原因。

这是我们首次对部分馆藏蒸汽机车外观做颜色变更处理的尝试，也是参考了一些国家铁路博物馆的做法，他们收藏展示的机车车辆都是色彩缤纷的。作为中国唯一的国家级铁道博物馆，收藏展示的机车车辆的外观颜色，完全可以让它们有不同的色彩。理由是，第一、更改外观颜色的这部分机车已不在铁路运输中使用，没必要继续保留全黑颜色。第二、在博物馆展厅中如果有几台不同颜色的外国蒸汽机车，会使观众参观时不显单调、赏心悦目。实践证明，这次改变机车外观颜色的尝试是成功的，使中国铁道博物馆东郊展馆内的机车展示显得丰富多彩，更吸引观众驻足。

需要指出的是，在我国铁路使用蒸汽机车时期，凡是国家铁路使用的蒸汽机车，无论是国内机车制造厂新制造的蒸汽机车，还是制造出厂投入使用后，因故障或因保养又送到机车制造（修理）厂里或是在机务段内进行的所有架修、中修和大修（厂修）的机车，都按照铁道部制定的蒸汽机车制造和整修相关规范的规定，对机车车身（含煤水车）外观喷成黑色，车轮辐条或辐板（含均重铁）、排障器、煤水车底架喷成红色，车轮轮毂、机车走台板边缘、手

KF_1 型 006 号机车经南口机务段整修后面貌一新准备送至中国铁道博物馆展出

把杆等部位喷成白色，这就是为什么我们当年从机务段或铁路工厂收集的蒸汽机车，外观都是黑色的原因。

我们前往英国考察铁路博物馆期间，在英国的约克、希尔顿等铁路博物馆中，看到这些博物馆收藏展示的机车车辆很少有单一颜色的，而是五颜六色的。这使我更感到当年对部分馆藏蒸汽机车外观做出喷成不同颜色的决定是正确的。现在观众在中国铁道博物馆东郊展馆看到部分外国蒸汽机车中，就有几台喷着不同颜色的外国制造的蒸汽机车，让人们看着赏心悦目。

3. 这座历史悠久的机车库值得一谈

康庄机车库曾称为康庄火车房。京张铁路建成后，康庄曾是个大站，那时来自西北的货物、商品等大多集结于此，然后再转运各地。康庄车站位于京张铁路南端起点柳村约 73.5 千米处。1909 年京张铁路竣工时，康庄车站同时建成。康庄火车房建在距康庄车站东侧约 110 米处。为何在此建立火车房呢，因为京张铁路在穿过关沟段的八达岭隧道后，就逐渐进入地势较平坦的地区，原来用于牵引列车翻越山区线路的登山机车就不再使用，而是换用普通机车牵引列车继续前行。京张铁路建设时，由于康庄的地理位置重要，所以詹天佑在康庄设置机务段、火车房、机车转盘、煤台、水塔等设施，用于从南口方向和怀来方向行驶来的蒸汽机车折返和整备。中华人民共和国成立后，康庄机务段并入南口机务段。

康庄火车房是一栋砖木结构的建筑，建于 1908 年。建筑面积约 1160 平方米，火车房南北各有 24 扇立式窗户用于采光。东端设有两个拱形库门用于机车进出，火车房内铺设两条带有地沟的线路用于停放和检修机车。詹天佑在《京张铁路工程纪略》“房厂”一节中，这样记述火车房的建造：“兹以南口、康庄之火车房较为重要，故就康庄火车房之造法述之，以盖其余焉。康庄火车房设在正道第二千六百四十四号橛之北，全部建筑之中线距轨道之中线为一百四十五尺，凡水塔、煤厂、转盘等均与该车房相距不远……”

当年詹天佑在设计、建造京张铁路时，就考虑到关沟区段山区铁路 33‰大坡道的列车牵引问题，他采用了大马力山道机车作为关沟段的牵引动力。因此，设立康庄火车房的目的，是为停放、整备和检修大马力蒸汽机车和其他机车之用。

历史照片：康庄火车房和上水塔

1908 年 5 月，京张铁路关键工程——全长 1091 米的八达岭山洞（隧道）竣工贯通，同年 10 月詹天佑从英国北英机车公司（N.B.L.C）购入的首批山道机车投入使用，担当南口至康庄间列车牵引，此时，康庄火车房开始停放和整备山道机车。詹天佑在《京张铁路工程纪略》“房厂”一节中，这样记述火车房的作用和建造："火车房，亦行车上重要之部分，盖机车既常须洗刷，而往来接替又断难露置，且本路路线高低不一，关沟一带坡道最急，尤非普通机车所可驶行，故更须置备马立特式之山坡机车，以为上下山坡之用。机车既不一，则接替必更频繁，若任其露置，则受雨露之侵损，为害必非浅鲜，故特于南口、康庄两处（为山道起终之地点）特设最大之火车房各一所。其余各站也酌量建设，其规模，大站均相仿，余则较逊。"康庄火车房及附属建筑从建成到停用，历经了百余年沧桑。据《南口机务段志》记载，"康庄火车房及康庄机务段，作为京张铁路设立的独立机车库和机务段之一，段内设有机务管理的全套机构。有检修库及整备设施。1946年，康庄机务段与南口机务段合并，康庄火车房由南口机务段管理。中华人民共和国成立后，康庄火车房各管理机构取消，只保留部分机车整备设施，人员大部分调到南口机务段工作。20世纪60年代后，随着机车交路的变化以及蒸汽机车的逐渐淘汰和内燃机车的增多，康庄火车房作为停放蒸汽机车并为之加煤、上水的作用已经丧失，仅用于存放封存的机车"。2003年机车库内临时存放的铁道部科学技术馆（现中国铁道博物馆）的机车全部调运至新建的中国铁道博物馆东郊展馆后，这座百年机车库便一直闲置，再也没有停放过任何机车。

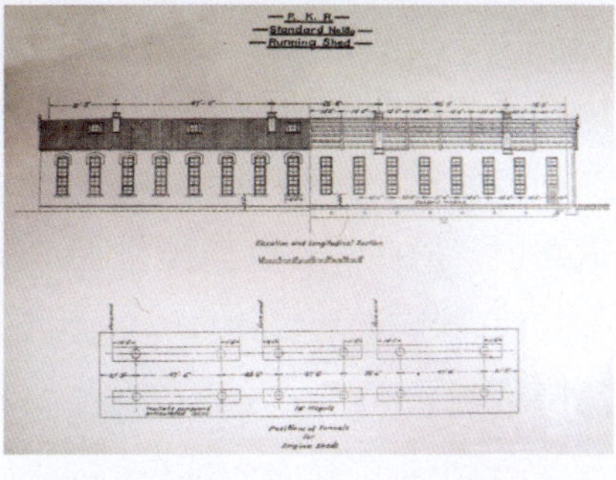

历史图纸：康庄火车房平面和立面图

存放的全部机车调到中国铁道博物馆后，有着百余年历史的康庄机车库已是车去库空，再也没有停放过任何机车

由于康庄机车库曾作为铁道部科技馆收集的部分机车的临时存放处之一，我作为铁道部科技馆文物收藏部门负责人，曾多次去该机车库查看存放机车的保存情况。直到 2003 年这里的机车全被调运到中国铁道博物馆后，便很少去那座老式机车库了。我最后一次去康庄机车库是在 2014 年 8 月。那次为方便去康庄我在詹天佑纪念馆住了一晚，第二天早上詹天佑纪念馆用汽车送我去康庄车站和机车库查看。这次主要是考察康庄车站和康庄老机车库及附属建筑的保护情况，调研期间访问了铁路工作人员，拍摄了铁路遗产的照片，收获还是很丰富的。

对于康庄火车房的历史面貌，我们可以从清朝末期广东籍摄影师谭锦堂拍摄的《京张路工撮影》这部真实记录京张铁路从勘测设计到建成通车全过程的摄影集中，看到康庄火车房、水塔、煤台等设施建成初期的影像。目前，虽然康庄机车库及其附属建筑并没有列入各级文物保护名单，但它的铁路遗产价值是不容置疑的。因此，有必要把康庄机车库及其附属建筑的铁路遗产价值说一说。

依法判断康庄机车库及附属建筑的文化遗产价值，首先要按照《中华人民共和国文物保护法》关于文物所应具备的历史、科学、艺术价值的规定来考量。其次要考虑它在中国铁路发展历程中的地位和作用。该机车库及其附属建筑具有重要的历史价值和科学价值。

（1）历史价值，该机车库及其附属建筑是由我国著名爱国工程师詹天佑亲自选址和设计建造。是目前我国现存最大的清朝末期的机车库及附属建筑，在中国铁路历史上发挥过重要作用，是京张铁路的重要不可移动遗产。

（2）科学价值，它是目前库内设施包括库内线路（库内线路可能已被拆除）、地沟、值班房、升降式烟囱、自闭式窗户等保存最完整的机车库。库内设施先进、科学的设计理念和精良的建造工艺令人叹服。体现了中国工匠们高超的施工技术。

该机车库在1966年由铁路有关部门对其进行过基础性维修。1976年7月28日河北省唐山、丰南地区发生大地震后，又对该机车库进行了防震加固。这些措施虽然对建筑物起到了一定的防护作用，都并未从根本上解决这一近代铁路建筑旧址的保护问题。

康庄火车房已深深地刻上了时代变迁的印记。虽然它作为铁路运输设施的使命已经完成，但它作为我国自主投资、设计、建造的首条干线铁路的重要历史见证价值和意义却愈发突显。但遗憾的是，这座有着百余年历史的机车库的现状还是令人担忧的。车库建筑两侧的窗户玻璃已经支离破碎，车库两端的拱形门铁皮锈蚀变形，原车库内最具特点的升降式烟囱和自闭窗也有所损坏，车库旁边的与其同时期建造的水塔和煤台也存在人为损坏和自然风化的危害，如不及时采取有效的保护措施，将会造成难以弥补的损失。为此，应本着保护为主、抢救第一的原则，对如此重要的铁路文化遗产，加以科学的维修和妥善的保护，并按照这组建筑的历史原貌进行修复，将其列为近代工业遗产和文物保护单位，使其成为京张铁路沿线不可多得的重要铁路历史遗存和景观。

第十二章　抢救保护中国仅存的一辆家畜车

——它见证了输港鲜活物资“三趟快车”的历程

1. 铁道博物馆里的 J5 型家畜车

中国铁道博物馆东郊展馆收藏着一辆国内仅存的 J5 型家畜车。这辆家畜车不仅是重要铁路文化遗产，它还是内地输港鲜活物资铁路运输的重要实物见证。现在我就来讲讲家畜车与输港鲜活物资运输的故事。

故事要从 2009 年讲起。这年 10 月上旬，我在中铁特货公司的一位朋友告诉我，在河北省廊坊车站附近有一辆家畜车，希望我们尽快收集，不然将面临被拆解的命运。为此，我与同事在当年 11 月前往廊坊实地查看情况。当时这辆家畜车停放在廊坊车站附近的一个钢材市场里的铁路专用线上，我仔细查看了这辆家畜车的内外结构及情况并拍摄了照片。经过查看，这辆车是由铜陵车辆厂在 1999 年制造，车型车号为 J5 型 8011445 号。

停在河北省廊坊车站附近专用线上的J5型家畜车

这辆J5型家畜车上的铜陵车辆厂制造铭牌

这辆家畜车一侧的滑动门上的车型车号

这辆家畜车在2008年11月25日经北京铁路局丰台车辆段进行技术鉴定后，认为该车辆的中梁、侧梁都已产生一定长度的裂纹。端梁、枕梁、横梁的腐蚀面积都超过55%。车体已有折断的痕迹。整个车辆已经符合报废状况。为此，在2008年12月5日，根据铁道部运输局“部运准废货（08）字第18651号”报废令，批准报废。该车报废后，便一直停放在北京铁路局廊坊车站附近的专用线上。

我们在廊坊车站专用线仔细查看这辆家畜车后，认为这辆车的总体状况尚好，主要零部件基本没有缺失，个别部位有一定程度受损，车辆外表的油漆已褪色并有锈蚀。虽然，它退出了铁路特种运输的历史舞台，但把它收集到铁道博物馆后，经过专业整修，完全可以恢复车辆的原貌。看过这辆车的基本情况回到北京后，同年12月，我找到专门承担运输装卸大型物资的专业公司，请该公司协助把这辆家畜车运回北京。然后我与该公司的有关人员再次赴廊坊车站附近的专用线，查看车辆的状况，以便安排吊装回运之事。随后该公司组织安排了汽车吊和大型平板拖车等到廊坊装运这辆家畜车。吊运家畜车那天已是12月下旬，天气十分寒冷，但为了尽快回运这辆仅存的家畜车，工作人员还是热情满满地投入紧张的工作。经过现场实地勘察后，我与装卸公司的人员商定，应采取将家畜车分解成车厢和转向架两部分分别装运的办法，这样既

外表油漆已褪色并有锈蚀的J5型家畜车

使用平板式拖车的载重卡车装载J5型家畜车准备运回北京的中国铁道博物馆进行保护性修复

解决了车辆整体装上平板拖车后超高的问题，也解决了车辆整体装上拖车后转向架不稳定的问题。

这辆家畜车，是为适应国家对外贸易中长途运输活猪、活羊、活牛等家畜的铁路专用车辆，原型号为 PJ_2。这款家畜车是根据“铁道部（82）铁计字 2200 号文件附件 2”及“铁道部（83）铁科技字 1674 号文件”和“铁道部科技局（84）科技机字 85 号文件”要求，由武昌车辆厂在 1984 年设计试制的较新型的家畜车。这款车在 1986 年通过了铁道部的部级鉴定，1989 年开始投入批量生产。这款家畜车在 1994 年 7 月改名为 J_5 型家畜车，并转至铜陵车辆厂继续制造，一直生产到 1999 年末。此后，武昌车辆厂不再制造 J_5 型家畜车，转为制造 J_6（原型号为 PJ_3）型专门运输活牛的专用车辆。

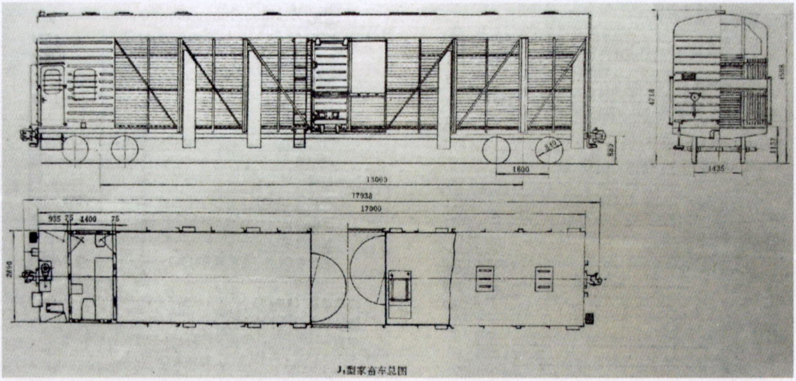

J_5 型家畜车总图

J_5 型家畜车的特点是：（1）增加了车体长度，缩小了中部隔离饲料间的长度，加大了有效装载面积，提高了运载量。（2）设置了专用生活间并配备必要的生活和休息设施，改善了随车押运人员工作和休息条件。我们收藏的这辆 J_5 型家畜车，见证了赴港“三趟快车”的后期历程。关于这辆家畜车的主要技术数据，见表 12—1。

表 12—1　J_5 型家畜车主要技术数据表

自重（t）	载重（t）	装载面积（m^3）	轴重（t）	车辆长度（mm）	转向架	轴距（mm）
27	20	104. 5	11. 8	17938	转 8A	1600

2. 输港鲜活物资“三趟快车”的故事

20 世纪 60 年代，为了保障港澳同胞的基本生活需要，内地专门为港澳地区开行了“供应港澳鲜活冷冻商品的三趟快运货物列车”，简称为输港“三趟快车”，并由此建立了一整套相应的管理措施。

让我们来看在输港“三趟快车”开行前，内地运往香港鲜活物资受损情况的几个实例。实例 1：1959 年 1 月 15 日，“南海 136 号”货轮从湛江港装载 150 头活牛运往香港。该货轮离开湛江港后在海面遇到风浪，天气寒冷，海水打在舱面，致使这些活牛都撑不住了并相继死亡。最后经查点一共死亡了 145 头，剩下的 5 头牛也濒临死亡，造成损失约 3 万港元。实例 2：1961 年夏季，一辆装载活猪的货车在汉口江岸站装车后经过了 3 天时间，这辆车还没有离开武汉。该车辆从汉口的江岸站到达深圳北站时，车里的活猪死亡率竟达 70%。车内只剩下 16 只活猪，其余的都死亡了。实例 3：内地装运了一卡车的黄河鲤鱼，从河南许昌出发，还没行驶到深圳北站一车鲤鱼就全死光了。由于运往香港的鲜活物资因运输时间过长，作业环节众多，运输线路不固定，运输设施不配套等原因，致使运输的原本鲜活的物资抵达香港的时间过晚，鲜活物资成活率太低，这令香港有关部门十分不满。例如 1959 年 1 月 6 日，香港贸易工作委员会给内地发来催促供货的电报，电文大致的意思是："由于近来我会供市奇缺，市场已严重发生脱节……平均每家零售商只有半头猪，每个蛋贩每天只能分到两个蛋……假设我出口货源不做合理安排，势必会造成经济与政治上的不良影响，特此报请设法增加来货……"

此事惊动中央后，中央政府决心采取措施，解决输港鲜活物资运输时间过长等一系列问题。其中启动输港鲜活物资铁路运输"三趟快车"就是解决问题的方法之一。也可以说输港"三趟快车"是在周恩来总理的亲自关怀下诞生的。1961 年 11 月，铁道部和外贸部在上海联合召开了"上海会议"，制定出输港鲜活物资的"快运方案"。该方案的核心是一定要赶上香港的早市。此外，要求运输车辆在沿途定时定点加水、加冰、加青饲料。由于当时我国铁路运输能力还比较紧张，要组织好输港鲜活物资的铁路运输，需经过周密计划安排。在经过充分筹备后，1962 年 3 月 20 日，这天满载活猪开往香港的第 621 次货物列车驶出了汉口江岸站。虽然当时没有举行任何的开行仪式，但这第 621 次货运列车的开行，标志着内地输港鲜活物资"三趟快车"的第一趟快车就此诞生。铁路部门还为输港"三趟快车"制定了特殊政策，提出"一保、三优先"的原则。"一保"是要保证车源，"三优先"是要优先配车、优先装货、优先发运。除了运输途中加水、加冰外，沿途不再停靠其他站点而直达香港，这样就使运输时间大幅缩短，保证了输港鲜活物资的质量。

1962 年 7 月，开行的第 621 次货运列车开行至第 100 列之际，铁道部向国务院呈报了《关于巩固和推广快运货物列车的经验》的报告。周恩来总理在这一报告上批示："由上海、南京去深圳也应组织同样的快车。"随后，铁道部和外贸部又在武汉联合召开了"武汉会议"。这次会议提出供应港澳地区的鲜活物资要确保"优质、适量、均衡、应时"的要求。并将原来从汉口江岸站开出的第 621 次货物列车，按照普通旅客列车的序列，更名为第 751 次列车。铁道部还安排从上海、郑州两地分别开行第 753 次和第 755 次两趟列车，至此，铁路输港"三趟快车"的体系正式形成。从此以后，确保港澳地区鲜活物资的稳定供应，成为中央人民政府的一项重要工作。

1963 年，第 751 次列车改由湖北、湖南两省分别组织发运。单日由湖北省汉口江岸车站为核心组织发运，双日由湖南省长沙北站为核心组织发运的安排，每趟输港鲜活物资列车的编组大约为 40 节车厢，车辆最多编组时曾达到 50 节一列。

1964 年，铁道部明确规定输港"三趟快车"是"货车之首"，除特快列车之外，所有的客货列车都要为它让道让行。输港"三趟快车"的开行，使得输港鲜活物资的运输，在时间上从以前的 8 ~ 10 天缩短为 2 ~ 3 天。解决了供应港澳鲜活物资铁路运输时间过长、到达时间不确定所带来的问题，有效地保障了港澳同胞的生活需求。

1980 年至 1996 年是输港鲜活物资"三趟快车"最辉煌的时期。

承担这“三趟快车”列车编组任务的深圳北编组站，几乎每天要接纳 1000 多节车厢的输港物资，深圳北编组站内 50 多条铁路线路上几乎停满了输港列车的车厢。内地输港“三趟快车”，体现了中央人民政府对港澳同胞的亲切关怀，饱含着内地人民对港澳同胞的手足情谊。它不仅丰富了港澳地区人们的菜篮子，也为内地与港澳地区的经济发展和社会安定提供了保障。输港“三趟快车”在不同年份都始终是风雨无阻，从未停驶。据当年经贸部驻深圳配额管理办公室的统计数据显示，20 世纪 90 年代，每天由内地经深圳北编组站运往香港的活禽活畜，占香港市场供应量的 99% 以上。

历史照片：20 世纪 90 年代输港“三趟快车”正从深圳北编组站驶向香港九龙站

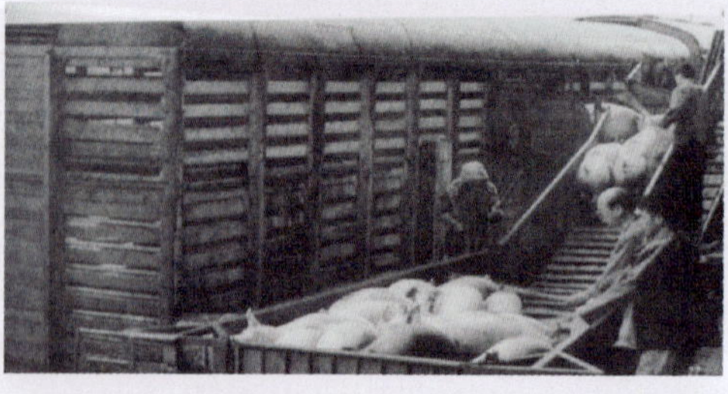

历史照片：输港“三趟快车”正在往家畜车中装运活猪

历史照片：正在向输港“三趟快车”的家畜车中喷水以给活猪降温

1997年7月1日以后，内地和香港之间的物资供应随着现代物流的快速发展，以及珠三角地区乃至全国的高速公路网的快速发展，使用货柜车通过高速公路即可直接通往港澳地区。以铁路运输为主的输港“三趟快车”，也逐渐失去了原有的优势。高速公路网的不断完善，使得用货柜车运输输港鲜活物资成为主流。原来铁路开行的“三趟快车”，渐渐淡出了历史舞台。但是，由铁路“三趟快车”构建起的内地与港澳同胞生命线，却依然在广深港快速物流通道中默默地延续着，其不懈的生命力依然在熙攘繁忙的现代化商贸物流园区中充盈地跳动。如今铁路输港鲜活物资的“三趟快车”已成为历史，现在输港“三趟快车”这一词汇，已演化为一种概念化名词，不再专指供应港澳地区鲜活物资的三趟铁路列车，而是泛指通过铁路、公路、航空、水运等多种运输方式构成的内地供应港澳地区鲜活物资的供应链。

3. 对这辆 J_5 型家畜车进行保护性维修

在2009年12月，我们使用汽车运输的方式，把 J_5 型家畜车从廊坊地区运至北京。当时虽然对分解后的家畜车进行了重新组装，使其恢复了原貌，但并没有对该家畜车做保护性修复，只是暂时把这辆家畜车停在铁道博物馆东郊展馆室外线路上存放。

输港鲜活物资的“三趟快车”曾使用过的车辆型号包括 J_2 型、J_4 型、J_5 型家畜车，PJ 型、PJ_2 型家畜车，PJ_3 型活牛车等，这些家畜车大多由武昌车辆工厂制造，少部分由铜陵车辆厂制造。铁路输港鲜活物资“三趟快车”编组中还包括机械冷藏车，型号有 B_{19} 型、B_{20} 型、B_{21} 型、B_{22} 型、B_{23} 型和冷冻板冷藏车等。机械冷藏车中除了 B_{19} 型、B_{23} 型是由原德意志民主共和国（民主德国）制造外，其余则由武昌车辆工厂制造，中国铁道博物馆也收藏有多辆 B_{19} 型和 B_{20} 型机械冷藏车。

当年装运输港鲜活物资的“三趟快车”，曾使用的 J_5 型、J_6 型家畜车在 20 世纪 60 年代至 90 年代初，在输港鲜活物资的“三趟快车”中曾大量使用并发挥了重要作用。但由于车辆内的家畜喂养设备相对简陋，且车体构造也较落后，车辆速度较低、无粪便收集装置等以及其他技术指标也相对落后等问题，在运输途中对周边环境会产生一些干扰和污染，所以已不适应铁路输港鲜活物资运输的需求，因此，这两款型号的家畜车在 20 世纪 90 年代初就开始退役淘汰。

中国铁道博物馆收藏的 J_5 型家畜车，是 20 世纪 90 年代初转由铜陵车辆厂制造。这款家畜车是在 J_2 型三层家畜车的基础上改进后的两层家畜车。这种家畜车在车厢内设有通风装置和供水设备，并有押运人员工作间，随车人员的工作条件有所改善。

为了更加妥善地保护这辆珍贵的家畜车，在 2014 年 12 月中旬，我们请一家专业铁路技术服务公司，计划在 2015 年春季对博物馆收藏的 J5 型家畜车和东风 8 型 0001 号内燃机车进行保护性维修。主要针对 J5 型家畜车受损的钢制立柱、钢制斜撑、木制格栅、底层和上层木制地板、车门、车钩等处进行修复和矫正。对车辆转向架和全车外观都重新喷漆和喷上原有车辆标记。我作为监修方代表，自始至终对这次保护性维修进行了检查监督。经过这次修复，使 J5 型家畜车及东风 8 型 0001 号内燃机车面貌焕然一新。经我们验收所修机车车辆均符合双方协议规定的要求，达到了保护的目的。修复后的家畜车和内燃机车以新的面貌展现在观众面前，这也是我退休前组织的对馆藏机车车辆的最后一次保护性维修。

经过整修 J5 型家畜车一层，原来略有弯曲的钢制立柱都已矫正

施工人员正在对 J5 型家畜车进行保护性整修

保护性整修后停在铁道博物馆室外风雨棚的 J5 型家畜车

经过整修后面貌一新的 J5 型家畜车

另外，据悉在杭州乔司编组站下行场的一个角落，曾有一块“供应港澳三趟快车乔司服务站”的牌匾，默默地竖立在那里。这块牌匾真实地见证了输港“三趟快车”的发展历程。为此，建议有关铁路部门或铁路文博单位尽快收藏这块有重要纪念意义的牌匾。

第十三章　以铁路为元素的文博场馆（所）的新发展

——对以铁路为主题和含有铁路元素的文博场馆（所）的补充

1. 展现铁路文化多元化的优势

在2021年5月18日“国际博物馆日”当天，文化和旅游部、国家文物局披露，“十三五”期间，我国平均每两天增加1座博物馆。截至2020年末，全国有各类注册备案的博物馆达到5788家，其中国家一、二、三级博物馆达到1224家。这些博物馆勇于担当历史使命，贯彻新发展理念，构建新发展格局，充分发挥收藏、研究、教育、展示、传播等功能，更好地满足了人民对美好生活的需求，初步形成了类型丰富、主体多元的现代博物馆体系。

我在已出版的《我讲述的铁路遗产故事》（第一部）一书中，曾用专章讲述了以铁路为主题和含有铁路元素的文博场馆（所）的分类和数量的基本情况，并以表格形式列出了场馆的类别和数量。在本书中，又介绍了铁路系统及地方兴办的以铁路为主题和含有铁路元素的文博场馆（所）计 9 类共 99 处，仍以表格形式列出了它们的类别和数量。我在《我讲述的铁路遗产故事》（第一部）第十四章中的表格说明中就曾指出，该表的统计数字均截至 2018 年 12 月。随着社会的发展、时代的变迁，这一统计数据会不断发生变化，经常更新。现借本书出版之际，对这部分内容予以补充修订，这次补充修订的统计数字均截至 2020 年末，当然，这次增补依然会有遗漏，仍是不完整的统计，仅供读者参考。

本次增补的内容包括，在“专门的铁路文博场馆”这部分补充了 1 处。在“铁路（火车）主题公园或园区”这部分补充了 8 处。在“以铁路机车车辆为特色展示场馆”这部分补充了 6 处。在“铁路站段（厂）史、铁路研究院所史、中高等院校校史展示场所”这部分补充了 13 处。在“以铁路爱岗敬业及服务奉献精神、革命英烈事迹为主题的展示场所”这部分补充了 1 处。在“铁路遗址（旧址）遗迹纪念地”这部分补充了 6 处。由此，对以铁路为主题和含有铁路元素的文博场馆（所）及铁路历史遗址（旧址）遗迹共增补了 33 处。

在“铁路遗址（旧址）遗迹纪念地”中，需要说明的是湖南省衡阳市早期铁路建筑群旧址。湖南省衡阳铁路地区有 10 处不可移动铁路遗产在 2015 年被列入衡阳市市级文物保护单位。2019 年初，衡阳铁路早期建筑群又被列为湖南省级文物保护单位。包括 9 处铁路不可移动遗产。分别是：1957 年建成通车的衡阳湘江公铁大桥；1936 年建成使用的衡阳火车站早期建筑；1947 年重建的衡阳火车西站早期建筑；建于 1938 年的衡阳中山堂旧址；建于 1938 年的粤汉铁路管理局图书馆旧址；建于 1938 年的粤汉铁路管理局办公楼旧址；建于 1950 年的衡阳铁路管理局办公楼旧址；建于 1950 年的衡阳铁路管理局专家楼旧址群；衡阳焊轨厂专用线（现中国铁路广州局集团有限公司广州工务大修段衡阳焊轨车间）百年铁轨。

已成为湖南省级文保单位的原衡阳铁路局办公楼旧址

另外，河北省滦平县承古铁路（承德—古北口）隧道遗址在 1998 年 6 月被滦平县人民政府列为滦平县县级文物保护单位，2008 年 10 月又被河北省人民政府列为河北省级重点文物保护单位。

2. 这次新补充文博场馆（所）的名称

以下是“以铁路为主题和含有铁路元素的文博场馆（所）及铁路历史遗址（旧址）遗迹”的具体名称。

（1）在“专门的铁路文博场馆”中，补充了 1 处：广州铁路博物馆。

（2）在“铁路（火车）主题公园或园区”中，补充了 8 处：①湖南省长沙市怀旧火车主题公园。②山西省太原市中北大学内的铁路主题公园。③山西省临汾市隰县火车头主题公园。④广铁南站火车主题公园。⑤新疆维吾尔自治区乌鲁木齐市高新区铁路主题公园。⑥四川省内江市成渝铁路筑路民工纪念堂。⑦广东省佛山市南海区高铁公园。⑧广东省深圳市罗湖区清水河铁路公园。

湖南省长沙市火车主题公园

中北大学内的铁路主题公园

（3）在“以铁路机车车辆为特色的展示场馆（所）”中，补充了 6 处：①太原机务段北区（场）机车陈列场所。②宁夏回族自治区中卫市沙坡头区宁夏钢铁（集团）有限公司火车工业旅游博物馆。③甘肃省酒泉市卫星发射中心铁路管理处历史展览馆。④西南交通大学机车博物园。⑤内蒙古自治区兴安盟蒙望号绿皮火车庄园。⑥黑龙江省海林市中东铁路运输博物馆。

甘肃省酒泉市卫星发射中心铁路管理处历史展览馆

（4）在“铁路站段（厂）史、铁路研究院所史、中高等院校校史展示场所”中，补充了 13 处：①杭州站站史陈列室。②衡阳工务段谭工川南岭铁路文化陈列室。③合肥站站史陈列室。④淮北车务段段史陈列室。⑤嘉兴车务段段史陈列室。⑥济南机务段段史陈列室。⑦蚌埠站站史陈列馆。⑧合肥机务段段史陈列室。⑨苏州站站史陈列室。⑩甬曹铁路宁波车站纪念馆。⑪ 哈密工务段展示陈列室。⑫ 宝鸡供电段陈列室。⑬ 宝鸡电力机车检修厂厂史馆。

蚌埠站站史陈列馆

宝鸡电力机车厂厂史馆院内保存的“韶山”1 型电力机车（左侧）

（5）在“以铁路爱岗敬业及服务奉献精神、革命英烈事迹为主题的展示场所”中，补充了 1 处：（1）汉中工务段胡宝昌烈士事迹陈列室。

（6）在“铁路遗址（旧址）遗迹纪念地”中，补充了 5 处：①上海市浦东新区上川铁路川沙站旧址。②河北省滦平县承古铁路拉海岭隧道遗址。③河南省郑州市黄河铁路桥旧址。④湖南省衡阳市早期铁路建筑群旧址。⑤辽宁省沈阳市东陵火车站旧址。

已成为上海市浦东新区文保单位的上川铁路川沙站旧址

上川铁路旧址被列为上海浦东新区文物保护单位后竖立的名牌

（7）新增加一类“其他文博场馆（所）中收藏展示的铁路机车车辆和铁路设施设备”。江西南昌湾里工业文明博物馆广场。

这 9 类以铁路为主题或含有铁路元素的文博场馆（所）和铁路历史遗址（旧址）遗迹类别和数量见表 13—1。

需要说明的是，还有一些正在建设中的和已经建成尚未开放的“以铁路为主题或含有铁路元素的文博场馆（所）”及其他文博场馆（所）中收藏展示的铁路机车车辆和铁路设施设备。限于相关资料、信息的不完整而未能列出，请读者谅解。

表 13—1　增补修订后的以铁路为主题或含有铁路元素的文博场馆（所）及铁路历史遗址（旧址）遗迹的类别和数量表

序号	场馆（所）类别	数量（处）
1	专门的铁路文博场馆	12+（1）=13

续上表

序号	场馆（所）类别	数量（处）
2	铁路（火车）主题公园或园区	12+（8）=20
3	以铁路机车车辆为特色的展示场馆（所）	6+（6）=12
4	铁路站段（厂）史、铁路研究院所史、设有铁路专业的高校校史等陈列展示场馆（所）	12+（13）=25
5	以铁路爱岗敬业及服务奉献精神、革命英烈事迹为主题的展示场馆（所）	5+（1）=6
6	以著名历史人物为主题的展示场馆（所）	7
7	反映铁路工人运动历史的场馆（所）	4
8	铁路历史遗址（旧址）、遗迹纪念地	6+（5）=11
9	其他文博场馆（所）收藏展示的铁路机车车辆和铁路设施设备	1
总计：9 类		总计 65+（33）=99
说明：本表数量栏中加号前面的数字是前书所列的数量，括号内的数字是这次增补的数量，等号后面的数字是二者相加后的数量。本表的统计数字均截至 2020 年末，仍是不完整统计，有待后续加以补充修订		

3. 部分新增补场馆（所）的特点

从这次增补的内容可以看出，近几年来，我国铁路行业的文博场馆增加的趋势很明显。在增补的这 33 处包含铁路元素的文博场馆（所）及铁路历史遗址（旧址）遗迹纪念地中，铁路行业自建的文博场馆（所）有 19 处，所占比重很大，特别是铁路基层站段设立的文博场馆（所）有一定幅度的增加，体现了中国铁路系统对自身文化遗产的重视程度在不断提高。

在“铁路站段（厂）史、铁路研究院所史、中高等院校校史展示场所”中，很值得一说的是宝鸡电力机车检修厂厂史馆。这座厂史馆又被称为主题厂史微展厅、新中国第一家火车4S店。1959年1月，来自全国十几个铁路局、科研院所和其他基层单位的铁路电气化工作者汇聚宝鸡，在荒凉的渭河滩上，建起了新中国第一个电力机车段——宝鸡电力机车段（当时并不称电力机务段而是称电力机车段，现为宝鸡机车检修厂）。由此拉开了中国铁路牵引动力现代化的序幕，电气化铁路也从这里开始走向全国。这里还是新中国第一条电气化铁路——宝成铁路（宝鸡—成都）宝凤段（宝鸡—凤州）的起始站。建成后的宝鸡电力机车段配属了25台从法国引进的$6Y_2$型电力机车。1961年8月又配属了4台国产的$6Y_1$型（后称韶山$_1$型）电力机车，使机车数量达到29台。这年8月15日，宝成铁路宝凤段电气化改造全面完成，牵引动力也由电力机车逐步替代了技术落后的蒸汽机车，成为宝凤电力机车段的牵引主力。1962年，新中国第一代电力机车人打破西方国家的技术封锁，成功完成了对首台引口的$6Y_2$型电力机车的中修任务，并开创了对引进机车配件使用国产配件的先河。1970年12月，该段又首次完成了对引进的$6Y_2$型电力机车的大修任务。该电力机车段还为新中国培养出共三批第一代电力机车女司机。由此，宝鸡电力机车段被誉为中国电力机车运用、检修、技术管理和人才培养的摇篮。这座厂史馆里陈列展示了该机车段曾使用过的$6Y_2$、6G、6K等型号电力机车的号牌，以及一些铁路老职工使用过的工具用具、学习资料等。展室中每一件展品的备后，都有着一段艰苦卓绝、创新担当的故事。在厂史馆院子里保存着一台新中国第一代韶山$_1$型061号电力机车和其他一些型号的电力机车。现在，该厂史馆为介绍电力机车检修厂的发展历史，激励铁路干部职工传承宝成铁路精神，当好主人翁、建功新时代，发挥着重要作用。

在“以铁路机车车辆为特色的展示场馆（所）”部分，新补充的宁夏回族自治区中卫市沙坡头区宁夏钢铁（集团）有限公司火车工业旅游博物馆，是以宁钢集团曾使用的部分厂矿机车车辆，作为收藏展示品，并利用其中仍可运行的机车车辆，作为工业旅游项目，是有效利用退役机车车辆的成功范例。还有黑龙江省海林市在横道河子机车库及转盘基础上设立的中东铁路运输博物馆。

在“铁路（火车）主题公园或园区”部分，新补充的广东省深圳市罗湖区清水河深圳工业站铁路公园，是在原罗湖区清水河深圳工业站的基础上改建的。这座深圳工业站，曾是内地输港鲜活物资“三趟快车”抵达香港前在内地的最后一个中转站。现在，这座铁路公园里展示有1台老东风型2207号内燃机车和1台东风$_5$型1134号内燃调车机车。2节YZ_{22}型硬座客车。这里有浓郁的复古怀旧氛围，给人以旧铁路的厚重感和沧桑感。

在“铁路遗址（旧址）遗迹纪念地”部分，新补充的上海市浦东新区上川铁路川沙站旧址、河北省滦平县承古铁路拉海岭隧道遗址、河南省郑州市黄河铁路桥旧址、湖南省衡阳市早期铁路建筑群旧址、沈阳市东陵火车站旧址这几处遗址（旧址）遗迹纪念地，很有代表性，反映了遗址（旧址）遗迹纪念地所在地政府对待铁路遗产的重视程度。

值得注意的是，本次增加的广东省佛山市南海区高铁公园，是这些文博场馆（所）中唯一建在高速铁路旁并以高铁命名的文博场馆。

另外，本次补充的内容中增加了一类场馆（所）中收藏保存的铁路设施设备，即“其他文博场馆（所）中收藏展示有铁路机车车辆和铁路设施设备”。例如，江西省南昌市南昌湾里工业文明博物馆广场，其中就陈列展示有铁路退役机车。这样就使得包含有铁路元素的文博场馆（所）类别由原来的 8 类增加至 9 类。文博场馆（所）数量由原来的 65 处增加至 99 处。这不仅反映了铁路文化遗产资源的丰富，也体现了这些场馆文化多元化的优势。可以相信，随着国家对工业遗产特别是铁路遗产重视程度的不断提升，会有更多、更有特色的以铁路为主题或含有元素的文博场馆（所）涌现出来，成为人们的休闲打卡地，丰富人们的业余生活。

参 考 文 献

[1] 当代中国的铁道事业编辑委员会.当代中国的铁道事业（上、下册）[M].北京：中国社会科学出版社，1990.

[2] 葛立美.国产铁路货车（修订版）（上、下册）[M].北京：中国铁道出版社，1997.

[3] 中国人民解放军历史资料丛书编审委员会.铁道兵·综述·大事记·表册[M].北京：解放军出版社，2000.

[4] 严介生，杨照久，焦守泰，等.中国蒸汽机车世纪集影（1876～2001）[M].北京：中国铁道出版社，2001.

[5] 首都铁路公共关系协会.毛泽东与中国铁路（上、下册）.[M].北京：中央文献出版社，2006.

[6] 铁道部运输局装备部.中华人民共和国铁路机车概要（交—直流传动内燃、电力机车及液力传动内燃机车）[M].北京：中国铁道出版社，2009.

[7] 健鸣.铁道上的记忆[M].北京：中国铁道出版社，2009.

[8] 石玉林.北京站往事：北京站老站长手记[M].北京：中国铁道出版社，2014.

[9] 中国铁路总公司运输局机务部.铁路机车概要（交流传动内

燃、电力机车）［M］. 北京：中国铁道出版社，2017.
［10］傅德克. 德国蒸汽机车在中国：德国蒸汽机车的制造及其在中国的运营（1892 ~ 1985）［M］. 孙烈，译. 北京：中国铁道出版社，2017.
［11］中国铁道博物馆. 中国铁路可移动文物和具有保存价值铁路实物图册［M］. 北京：中国铁道出版社，2018.

后　记

2021年2月24日，正在撰写本书的时候，从新华社电讯中获悉，中共中央、国务院印发了《国家综合立体交通网规划纲要（2021～2050年）》（下称《纲要》），并发出通知，要求各地区各部门结合实际认真贯彻落实。这一《纲要》与2019年中共中央、国务院发布的《交通强国建设纲要》共同为我们描绘了一幅规划期为2021至2035年、远景展望到21世纪中叶的中国交通发展的宏伟蓝图。而且，在2019年中共中央、国务院印发的《交通强国建设纲要》中，首次提到要推进优秀交通文化传承创新、加强重要交通遗迹遗存、现代交通重大工程的保护利用和精神挖掘，讲好中国交通故事。这无疑为我们保护利用铁路文化遗产，讲好铁路遗产故事，提供了动力。

《纲要》包括铁路、公路、水运、民航、管道等各种运输方式的主要通道和节点，是一张布局完善、规模合理、结构优化、资源集约、衔接高效、互联互通的海陆空骨架网络。《纲要》中提出到2035年，国家综合立体交通网实体线网总规模合计70万公里左右（不含国际陆路通道境外段、空中及海上航路、邮路里程）。其中铁路20万公里左右，包括高速铁路7万公里，普速铁路13万公里。公路46万公里左右，高等级航道2.5万公里左右。沿海主要港口27个，内河主要港口36个，民用运输机场400个左右，邮政快递枢纽80个左右。

《我讲述的铁路遗产故事》的内容，与铁路历史和铁路现实都有关联，并依托中国铁道博物馆的馆藏可移动铁路遗产，以及我前往铁路不可移动遗产所在地实地调研的经过来展开。书中披露的一些事情及抢救保护经历，真实地反映出博物馆人在铁路遗产抢救保护方面所付出的努力以及某些单位或个人对铁路遗产保护意识的缺乏。

现在中国铁道博物馆中收藏的中外机车车辆已达153台辆之多，难怪有这样人说，参观一座中国铁道博物馆，如读半部机车车辆演进史。细心的读者或许已经看出，从《我讲述的铁路遗产故事》（第一部）到《我讲述的铁路遗产故事》（第三部）这三部书中，有不少涉及退役铁路机车车辆的内容，特别是已经成为铁路遗产的退役机车车辆，虽然做不到一车一故事，一车一传奇，但其中确实有不少由中国铁道博物馆收藏的机车车辆的经历值得人们去关注和了解。

在《我讲述的铁路遗产故事》（第一部）中仅有第八章“听百年‘德国楼’讲述它的身世”一篇是讲述铁路不可移动遗产故事的。在第二部中，则有两篇介绍铁路不可移动遗产的故事，即第二章“独特的阿尔山地区铁路文化遗产”和第三章“前往河北宣庞铁路调研”是有关铁路不可移动遗产的事例。而在本书中虽然保持了以往介绍部分机车车辆遗产的传统，但细心的读者也许注意到，在本书中铁路不可移动遗产的故事已增加到三篇，即本书

第二章“它们是铁路不可移动文物的优秀代表”中的6项国保单位，即4座铁路车站，1座铁路桥梁，1处桥梁隧道群遗址，它们全部是铁路不可移动遗产。本书第五章“上兰村、向阳店站铁路遗产背后的故事”也反映的是铁路不可移动遗产的状况。本书第十章“它虽是小站却是一座历史悠久的老站”，同样讲述的是我对不可移动铁路遗产进行调研的事例。

我从事铁路文化遗产抢救保护工作以来，始终要求自己必须具备“左弯右转”的方向把控能力和负重前行的勇气。并始终怀有一颗对铁路文化遗产的敬畏之心，工作中不断汲取新的信息，新的知识，以适应工作的需要。即使现在我主要做一些铁路文化遗产方面的理论研究、教学辅导、撰写铁路遗产书籍的工作，但我仍会注重文化多元化视域下的铁路遗产保护理论研究，积极探索铁路文化遗产的丰富内涵。继续讲好中国铁路文化遗产故事，会更加珍惜铁路文化遗产保护利用所取得的成果。

这里想到美国政治家、科学家本杰明·富兰克林的名言：“如果不想在死后被世界遗忘，要么写一些值得读的东西，要么做一些值得写的事情。”这句话很值得回味，也很有现实意义。回想我从事的铁路文化遗产抢救保护工作和撰写铁路遗产保护、研究的经历，不正是如此吗。

2021年上半年，中国铁道博物馆至少有四大收获。第一项收获是6月19日，在庆祝中国共产党成立100周年前夕，中共中央宣传部新命名111个全国爱国主义教育示范基地。中国铁道博物馆正阳门展馆名列其中。第二项收获是6月3日，外文出版社向中国铁道博物馆捐赠中国铁路主题多语种图书和书法作品。第三项收获是交通运输部和科学技术部在5月下旬联合印发通知，公布首批10所国家交通运输科普基地名单。中国铁道博物馆荣膺交通运输科普基地。第四项收获是3月18日，由香港同胞在1997年7月1日捐赠给内地的首列“健康快车”——香港光明号，一列四节车厢入藏中国铁道博物馆，成为博物馆展区一道靓丽的风景。这些新入馆的珍贵藏品，有着丰富而精彩的故事，本想借此书把这些藏品的详细情况讲述给大家，但限于本书篇幅，只能留待后续书籍再讲给读者听吧。